영유아교사론

영유아교사론

Early Childhood Teacher Education

홍성훈 · 한석우 · 김희수 공저

동 문 사

머리말

학부모들이 영유아교육기관에 영유아를 맡길 때 많은 고심을 한다. 그 고심 중의 하나가 영유아교사의 전문성과 자질이다. 그렇다면 '학부모가 희망하는 영유아교사상은 어떤 모습일까?' 또 '좋은 영유아교사가 되려면 무엇을 갖춰야 할까?' 등에 대하여 생각해 봐야 한다.

이 책은 영유아교사를 양성하는 교원양성기관에서 영유아교사의 전문성과 자질을 길러줄 양질의 내용을 담고자 집필하게 되었다. 예를 들면, 교직과정을 이수하는 미래의 영유아교사가 갖추어야 할 자질과 역할에 대한 개론서이며 안내서인 셈이다.

필자들은 그동안 대학에서 영유아교사 양성과정의 학생들을 대상으로 강의와 지도를 해왔으며, 산업체 직무연수 등을 통해 유치원과 어린이집에서 실무경험을 축적해 왔다. 현장에서 영유아교사가 갖추어야 할 덕목은 무엇보다도 전문성과 자질을 들 수 있다. 이 책은 영유아교사의 전문성 신장과 자질 향상에 관한 내용으로 많은 지면을 할애하였다.

막상 책을 집필하려고 하니 책의 목차 구성부터 구체적인 내용을 구성하기까지 그리 쉽지만은 않았다. 그럼에도 불구하고 원고작업을 마칠 수 있었던 것은 예비영유아교사들에게 영유아교사론을 통한 교사의 전문성과 자질을 기르는 데 조금이라도 조력하고자 하는 일념에서이다. 이 책을 통해 예비영유아교사들의 전문성과 자질을 기르는 데 조금이나마 도움이 되었으면 한다.

이 책은 총 10장으로 구성되었다. 1장은 영유아교사의 의미, 자질과 역할에 대하여, 2장은 영유아교사의 교직과 교직윤리의 중요성에 대하여, 3장은 영유아교사의 권리와 의무에 대하여 기술하였다. 교직은 단순한 직업이 아니며 누구나 훌륭한 교사가 될 수 없기에 나름대로 전문성과 자질 연마를 위한 내용들로 구성하였다. 4장은 영유아교사의 양성교육에 대하여, 5장은 영유아교사의 자격, 임용과 연수에 대하여, 6장은 영유아교사의 발달과 성장, 7장은 영유아교사의 교수-학습 활동에 대하여 기술하였다. 교사가 갖추어야 할 자격의 가치와 교수-학습법의 중요성을 알릴 수 있는 내용들로 구성하였다. 8장은 영유아교사의 인간관계 형성, 9장은 영유아교사의 생활지도와 상담, 10장은 영유아교사의 교직 입문에 대하여 설명하였다. 이러한 내용은 영유아교사의 신분과 관련된 법적인 이해를 돕고 교직을 적법하게 수행하기 위한 관련 실무 지식을 제공하기 위함이다.

이 책은 이론서이면서도 실무적인 내용을 담고 있어 이해하기 쉽도록 작성하였으며, 영유아교사가 교직을 수행하기 위해 필요한 실무적 지식을 체계적으로 정리한 지침서이다. 따라서 예비영유아교사들이 이 책을 읽고 나면 교직에 대한 자긍심이 한층 더 높아지리라 생각된다. 하지만 막상 탈고를 하고 나니 부족한 점이 너무 많은 것 같아 기쁨보다 부끄러움이 앞선다. 앞으로 기회가 주어지면 좀 더 완성된 책이 될 수 있도록 독자들과 전문가의 의견을 반영하여 보완할 것을 약속드린다.

끝으로 이 책이 세상의 빛을 볼 수 있도록 도움을 주신 동료, 선·후배 교수님들과 영유아교육기관 종사자 여러분에게 감사드린다. 특히 부족한 원고를 끝까지 기다리고 출판을 허락해 주신 동문사 이중수 대표님과 유재영 상무님 그리고 임직원 여러분께 감사드린다. 동문사의 무궁한 발전을 기원한다.

2018년 7월
저자 대표 홍성훈

차 례

CHAPTER 03 영유아교사의 권리와 의무

CHAPTER 04 영유아교사의 양성교육

CHAPTER 05 영유아교사의 자격, 임용과 연수

차 례

차 례

CHAPTER 01

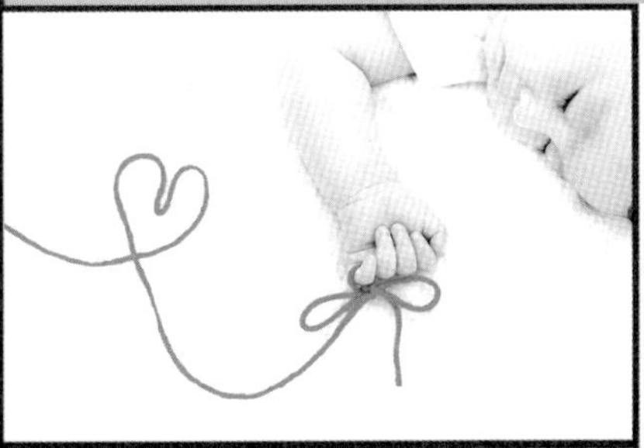

영유아교사의 의미, 자질과 역할

• 학습개요 •

영유아교사는 누구이며 어떠한 자격을 갖추어야 할까? 영유아의 연령에 따라 교사의 역할은 어떻게 달라지며, 또 사회적으로 요구되는 자질은 무엇일까? 영유아교사에 대한 탐색은 여러 방면에서 가능하다. 가르치는 사람, 인성이 풍부하여 타의 모범이 되는 사람, 영유아들을 양육하는 사람 등 역할에 따라, 자격이나 자질에 따라, 사회적인 기대에 따라 정의해 볼 수 있다. 영유아교사란 무엇을 하며, 어떤 사람이 교사가 되어야 하며, 교사가 이 사회에서 차지하는 중요성이 어느 정도인지에 대해 탐색해 볼 필요성이 있다. 이 장에서는 영유아교사의 개념, 능력과 자질, 자격 그리고 멘터로서의 역할과 특성을 살펴보고자 한다. 이 장의 학습목표는 다음과 같다.

• 학습목표 •

1. 영유아교사의 개념에 대하여 설명할 수 있다.
2. 영유아교사의 개인적 자질과 전문적 자질을 비교 · 설명할 수 있다.
3. 멘터로서 영유아교사의 역할과 특성을 이해할 수 있다.

1 영유아교사의 의미

일반적으로 교사란 가르치는 사람을 지칭한다. 교사에 대한 개념을 살펴보면, 교사는 형식적인 조건 측면과 자질적인 측면을 모두 포함하고 있다. 교사는 교육을 하는 사람이기 때문에 교육을 무엇으로 보느냐에 따라 교사의 개념과 역할은 달라진다.

우선, 교사란 특정 직업인을 일컫는 말(안창선 외, 1999)로 교육을 업(業)으로 삼고 있는 자이며, 인간 행동을 계획적으로 변화시키는 데 전념함으로써 보수를 받고 그것으로 생계를 유지해 나가는 사람이라고 정의하기도 한다. 즉, 교사란 특정 직업인으로서 교사 자격증을 소지하고 정규학교에서 교육 활동을 하는 자를 말한다. 교사는 학교교육기관에서 가르치는 직업을 가진 사람으로서, 교사의 형식적인 조건에 무게를 두는 관점이다.

한편 교사의 인성과 품성, 인격적인 성숙으로 다른 사람을 교화시킬 수 있는 능력을 가진 사람으로 교사를 정의하기도 한다. 교사는 자격과 자질을 두루 갖춘 사람으로 학생들의 행동을 변화시키기 위해 전력을 다하는 사람임을 의미한다. 그러므로 영유아교사는 취학 전 영유아를 대상으로 유치원이나 어린이집의 교육기관에서 영유아들의 성장과 발달 그리고 교육을 위하여 체계적인 노력을 기울이는 사람들로서 자질적인 측면을 강조한다.

또한 영유아교사는 이 같은 일반적인 교사의 개념을 초월하여 정의하기도 한다. 교사의 개념을 법적·사회적인 측면, 발달적인 존재로서의 측면, 유아와의 관계적 측면 그리고 교육적 가치관과 철학을 가진 존재로서의 측면 등이다(염지숙 외, 2008).

우선, 법적·사회적인 측면에서의 영유아교사란 영유아를 대상으로 가르치는 자로서 소정의 양성교육과정을 이수하고 자격을 취득한 자라고 볼 수 있다. 그러나 우리나라의 영유아교육은 초·중등과 달리 영유아교사가 이원화되어 있다. 보건복지부에서 자격증을 발급하고 있는 보육교사와 교육부에서 자격증을 발급하고 있는 유치원교사로 구분된다. 영유아교육에서 보호와 교육을 이분화하는 것은 우리나라 유아교육 제도의 문제점으로 지적되며(이은화 외, 1995), 유아교육은 보호이자 교육이며, 이를 분리할 수 없는 통합된 개념으로 인식하는 것이 진정한 유아교육의 의미일 것이다. 이에 영유아교사란 출생부터 취학 전 아동을 대상으로 하여 보호와 교육의 역할을 담당하고 있는 자로서 어린이집 보육교사와 유치원 유아교사 모두를 총괄하는 개념이다.

둘째, 영유아교사는 성장·발달하는 존재이다. 영유아교사는 태어나는 게 아니라 만들어지는 것이다. 최근에 영유아교사들은 교사에게 발달적 관점을 적용해야 한다는 주장을 펼치고 있다. 이는 아동들과 마찬가지로 영유아교사 또한 교직 생활을 통해 끊임없이 성장과 변화의 과정을 거친다는 것으로, 전통적인 능력 중심과 자질 중심의 영유아교사 개념을 반대하고, 영유아교사의 개인차를 인정하여 개인적 성장을 도와야 한다는 관점을 들고 있다. 대학을 졸업하고 영유아교사로 입문하는 초임교사와 5년, 10년의 경력을 갖춘 영유아교사는 유아를 바라보는 아동관과 가르침을 보는 교육관에 있어 적지 않은 변화를 경험하고 성장하게 된다. 따라서 이상적이고 훌륭한 영유아교사의 의미보다는 계속적으로 성장하고 발전해가는 개인으로서의 영유아교사에 초점을 맞추고 영유아교사 양성과정에 관심을 기울여야 한다.

셋째, 영유아교사는 영유아에게 영향을 줄 뿐만 아니라 영유아로부터 영향을 받는 상호적인 존재이다. 만 3세 유아를 맡은 교사와 만 5세 유아를 맡는 교사에게 요구되는 영유아교사의 역할도 다르며, 영유아교사의 행동에 대한 유아의 반응도 각기 다르다. 따라서 영유아교사는 영유아들의 수준과 요구에 맞추어서 적응을 해나가며 영유아교사로서 성장을 거듭하게 된다. 영유아교사가 일방적으로 영유아들에게 영향을 미치고 이끌어가는 존재에서 영유아들의 영향을 받고 그에 따라 교직을 수행해가는 과정에서 많은 변화를 경험하는 존재인 것이다.

마지막으로 영유아교사는 교육적 가치관과 철학을 가진 존재이다. 영유아교사는 교실 상황에서 하루에도 수백 번 의사결정을 내리며, 무엇이 영유아들에게 올바른 선택이며 교육적인 행동인가에 대한 고민을 하며 융통성 있게 학급(반)을 이끌어간다. 예를 들면, 식생활 지도에 있어서 음식을 남기지 않고 먹게 하는 것의 덕목과 영유아의 개별적인 음식 기호로 인한 거부 반응 사이에서 영유아교사는 '무엇이 옳으며, 무엇을 지금 이 상황에서 고려해야 하는가?'를 판단할 때 영유아교사의 철학과 가치가 작용한다. 집단생활 속에 적응하고 초등학교에 대한 대비를 중요하게 여기는 철학을 가지고 있는 영유아교사와 영유아들의 자율성과 선택을 존중하는 영유아교사는 분명히 학급 운영과 영유아와의 상호작용에 있어서 차이성을 갖는다. 따라서 영유아교사는 자신이 가지고 있는 철학과 가치관을 확립하는 것 못지않게 그에 대한 반성과 함께 계속적으로 여러 가지 측면을 고려하는 존재여야 한다.

1) 영유아의 개념

영유아는 영아와 유아를 합친 용어이다. 현재 영유아교육기관에서 일반적으로 사용하며 법령에 따른 영유아의 연령에 대한 개념을 제시하면 표 1.1과 같다.

표 1.1 영유아 연령에 대한 개념

구분	개념
영아	영아란 출생부터 만 2세까지의 아동을 말한다(영유아보육법 시행규칙 제28조 제1호). 출생 직후의 신생아기를 포함한다.
유아	유아란 만 3세부터 초등학교 취학 전까지의 어린이를 말한다(유아교육법 제2조 제1호). 영아기 이후부터 초등학교 취학 전까지를 말한다.
영유아	영유아란 6세 미만의 취학 전 아동을 말한다(영유아보육법 제2조 제1호). 출생 직후의 신생아기부터 취학 이전까지의 아동 범위를 포함한다.

2) 영유아교사의 개념

영유아교사는 영아와 유아 그리고 영유아교사라는 세 가지의 의미를 함께 가지는 것으로 각각의 개념을 제시하면 표 1.2와 같다.

표 1.2 영유아교사의 개념

구분	정의
유치원교사	교육부의 법령에 따라 대학에서 교직과목과 전공 관련 교과목을 이수하고, 교육부장관으로부터 교사 자격증을 부여받아 공립 또는 사립 유치원에서 근무하는 교사를 말한다. 특히 원장이나 원감과 같은 관리자의 보직을 갖지 않은 채 학급운영을 전적으로 책임지는 교사를 말한다.
보육교사	보건복지부의 법령에 따라 보육관련 교과목과 보육실습을 이수하고, 보건복지부장관으로부터 보육교사 자격증을 부여받아 보건복지부의 감독을 받는 다양한 형태의 어린이집에 근무하는 교사를 말한다. 유치원과 마찬가지로 학급을 직접 담당하는 교사를 지칭한다. 과거에는 어린이집 교사에게는 교사라는 호칭 대신 '보육시설종사자'라고 하였으나, 현재는 '보육교직원'이라는 법적 용어가 사용된다.
영유아교사	2년제 이상의 대학이나 교육훈련시설을 졸업하고 국가에서 발급하는 교사 자격증을 취득하여 영유아교육기관에서 근무하는 교사를 총칭하여 '영유아교사'라고 말한다. 즉, 유치원교사와 보육교사 모두를 포함한다.

2 영유아교사의 개인적 · 전문적 자질

영유아교사의 자질이란 영유아교사의 역할을 잘 수행하기 위해 갖추어야 할 개인적인 특성, 즉 교직에 대한 태도 등을 말한다. 영유아교사의 자질에 대한 관점도 사회 · 문화적 변천과 함께 변화되어 왔다. 영유아교사의 자질을 논할 때 전통적으로는 교사가 지닌 인성적 특성을 강조하였던 반면, 최근에는 인성은 물론 전문적 자질을 중요하게 인식하게 되었다. 이은화, 배소연과 조부경(1995)은 영유아교사의 자질을 개인적 자질과 전문적 자질로 구분하고, 전자는 교사로서의 역할을 수행하는 데 필요한 인성적인 특성, 후자는 교사로서의 역할을 다하기 위해 갖추고 있어야 할 전문적인 능력으로 정의하였다. 영유아교사의 자질에 대한 학자들의 견해는 다양하다(염지숙 외, 2008).

시펠트(Seefeldt, 1980)는 영유아를 근본적으로 좋아하며, 영유아에 대한 감정이입과 현재 수준을 수용할 수 있는 능력을 갖추어야 하며, 융통성 있고, 선입견을 갖지 않아야 하는 것을 영유아교사의 자질로 제시하고 있다. 이에 더하여 지적 호기심, 실제 경험을 수반한 수업 수행능력, 영유아와 부모에 대한 이해와 사랑, 교사로서의 자기성장능력 등을 포함시켰다.

알미(Almy, 1975)는 사랑과 온정, 인내심, 활동력, 열린 마음, 포용력, 인간관계에 대한 관심, 융통성, 유머 감각 등을 들고 있다. 하마첵(Hamachek, 1992)은 교사의 자질에 유머 감각, 공정함, 감정이입 능력, 민주적 성향, 그룹 또는 일대일로 영유아와 자연스럽게 상호작용할 수 있는 능력 등을 포함시켰다.

배소연(1993)은 영유아교사의 자질을 개인적 자질과 전문적 자질로 구분하여 제시하였다. 개인적 자질에는 건강, 안정된 정서, 유아에 대한 사랑과 존중, 융통성과 유머 감각, 창의성 등이, 전문적 자질에는 교육 활동의 계획과 수행능력, 교육 환경 구성능력, 부모들에게 필요한 정보를 제공하고 도움을 줄 수 있는 능력, 영유아들의 건강과 영향을 보살필 수 있는 능력 등이 해당된다고 보았다.

이상금(1993)은 기본적으로 영유아를 좋아하고 사랑하며 모성애를 가진 사람, 신체적 · 정신적으로 건강하고 안정되어 있는 사람, 교직 의식이 투철하고 사명감이 있는 사람, 영유아의 발달과 심리를 잘 이해하고 전문적인 소양을 갖춘 사람, 문제의식을 가지고 계속 노력하는 사람을 영유아교사의 자질을 갖춘 사람이라고 하였다.

여러 학자들의 의견을 종합해 볼 때 영유아교사의 개인적 · 전문적 자질은 표 1.3과 같다.

표 1.3 영유아교사의 개인적 · 전문적 자질

개인적 자질		전문적 자질		
인성	건강	지식	교수기술	교육관
① 영유아에 대한 사랑 ② 인간에 대한 사랑 ③ 성실성 ④ 봉사성 ⑤ 사려성 ⑥ 자발성 ⑦ 도덕성 ⑧ 원만한 인간관계	① 신체적 건강 ② 정신적 건강; 긍정적 자아관, 타인에 대한 긍정적 사고, 건전한 인생관, 정서적 안정	① 일반 교양 지식 ② 유치원교육과정과 보육과정에 대한 지식 ③ 교수 방법 및 평가에 대한 지식 ④ 영유아에 대한 지식	① 교육과정 구성 기술 ② 프로그램 실천 및 평가기술 ③ 의사소통기술 ④ 부모 및 전문가 참여기술 ⑤ 창의성 ⑥ 융통성 ⑦ 교재 · 교구의 제작 및 활용기술	① 교육에 대한 소명감 ② 직업윤리 ③ 전문성 함양

출처: 이은화, 배소연, 조부경(1995).

특히 조경자(2007)는 예비영유아교사들을 대상으로 좋은 교사의 특성을 조사하고, 그 결과에 따라 좋은 영유아교사의 자질의 범위와 내용을 표 1.4와 같이 제시하였다.

표 1.4 좋은 영유아교사 자질의 범위와 내용

자질	내용
인성	사랑, 이해, 모범, 존중, 도덕성, 인내, 너그러움, 모성, 엄격, 일관성, 긍정적 사고, 활발함, 성실성, 원만한 대인관계, 세심함, 믿음직함 등의 인성적 특성
건강	신체적 건강, 정신적 건강
지식	영유아에 대한 지식, 전공지식, 교양
교수능력	영유아교육과정 구성능력, 영유아교육과정 실천능력, 발달 조장능력, 학부모 관계능력, 다재다능함, 환경 구성능력, 반성적 사고능력, 관찰력, 순발력, 민감성, 창의성, 융통성 등 교수활동과 관련된 능력과 특성
교육관	영유아교육 철학 및 신념, 교육에의 열정, 자부심, 책임감 및 소명감, 공평함, 전문성 향상 노력 등 교직 태도 및 직업윤리와 관련된 특성

출처: 조경자(2007).

한편 마차도와 보트나레스큐(Machado & Botnarescue, 2001)는 영유아교사란 자신의 바람직한 교수 성향을 강화하고, 그렇지 않은 성향은 약화시키는 노력을 기울임으로써 좋은 교사의 자질을 갖출 수 있다고 하였다. 이들은 노력을 통해 다음과 같은 성향을 강화할 수 있다고 밝혔다.

① 학급에서 일어나고 있는 일과 경험에 대한 호기심과 경이로움
② 가르치는 행위에 대한 열정
③ 영유아의 요구와 관심에 대한 관찰 및 발견
④ 자신이 계속적으로 배울 수 있고, 발전할 수 있으며, 교수 기술과 능력을 정교화할 수 있다는 자신감
⑤ 영유아의 신뢰와 자신감을 얻기 위한 그리고 개별 영유아의 자기실현을 증진시키기 위한 활동

이상에서와 같이 영유아교사에게는 개인적인 자질과 전문적 자질이 모두 필요함을 알 수 있다. 영유아교사의 자질은 일차적으로 직전교육을 통해서 형성되지만, 그것으로 완성되었다고는 볼 수 없다. 현직에서의

경험과 그 경험에 대한 자기성찰을 통하여 계속적으로 변화되고 발전해 나가는 것이다. 그러므로 영유아교사로서의 자질을 갖추고 향상시키기 위해 예비교사와 현직교사 모두 바람직한 인성을 스스로 형성해 나가도록 노력해야 할 것이며, 교원양성과정과 현직교육을 통해 영유아교사에게 필요한 기초 지식과 전문적 지식을 습득하고 발전시켜 나가는 데도 노력을 기울여야 할 것이다.

3 멘터로서 영유아교사의 역할과 특성

멘터는 지혜와 신뢰로 다른 사람의 인생을 이끌어 주는 지도자라는 의미로 사용되나, 오늘날 멘터의 의미는 복합적인 의미를 지니고 있다. 멘터를 가이드, 스승, 후원, 좋은 아버지와 좋은 스승의 혼합 인물로 정의하고, 멘터의 요건으로 멘티와 반 세대 정도의 차이가 있는 사람이 적합하다는 점을 강조한다(Leninson et al., 1987). 멘터는 비교적 경험이나 연륜이 많은 사람으로 상대방의 잠재력을 들여다보고, 이상과 비전을 실현할 수 있도록 격려도 하고 도움을 줄 수 있다. 그래서 멘터는 코치(coach), 스폰서(sponsor), 양육자(nurturer), 옹호자(advocate), 리더(leader), 가이드(guider) 등의 다양한 용어로 쓰인다. 예를 들어, 멘터는 지혜로 가르치는 스승이며, 학습자인 멘티에게 인생의 선험자요, 지혜의 선각자인 것이다. 멘터의 어원에 기초한 멘터의 본질적인 특성을 종합하면 지혜와 교육적 감화력을 갖춘 자가 좋은 영유아교사라고 할 수 있다(김진한, 2009). 멘터로서 영유아교사의 역할과 특성을 제시하면 다음과 같다(김희수, 2011).

1) 휴머니스트로서의 멘터

멘터의 인간관계 기술은 가장 인간적인 특성들을 고루 갖춘 인격자적인 자질을 의미한다고 볼 수 있다. 멘터의 친절하고 상냥하고 참을성 있는 모습은 영유아들에게 친밀감을 주며, 영유아와 인간적인 관계를 형성하기에 충분한 특성이며, 열정적이고 감정적인 이입을 할 수 있는 풍부한 감성은 영유아들에게 관심과 사랑을 표현할 수 있는 정서적 특성이다. 동시에 정직하고 자신감 있는 모습은 영유아들에게 인간적인 신뢰를 줄 수 있는 심리적 장점이라고 볼 수 있다.

2) 지혜로운 교수자로서의 멘터

멘터는 살아 있는 지혜를 가르치는 사람이다. 멘터는 선각자이며 선험자이기에 지식의 상대적인 가치와 지혜의 절대적인 가치를 충분히 인식하고 있다. 멘터는 이미 삶의 의미와 관련된 지혜를 충분히 터득했으며, 그것은 단순한 지식에 비해 너무나 가치 있는 것임을 잘 알고 있다. 지식의 전달자인 사람과 멘터를 구분하면 멘터는 삶의 의미와 관련한 가치를 스스로 깨닫고, 이를 가르침의 가장 중요한 덕목으로 한다는 점이다. 영유아교사는 영유아에게 단순한 지식과 기술을 전달하는 사람이 아니라 지혜를 가르치는 사람임을 잊어서는 안 된다.

3) 삶의 방향을 제시하는 철학자로서의 멘터

멘터는 삶의 선각자로서 삶에 대한 방향을 제시하고 이를 위한 경험을 돕고, 지도하며, 가르치고, 영감을 주며, 도전정신을 심어주고, 교정해 주며, 모범이 되는 경험 있는 사람을 의미한다. 멘터는 멘티인 영유아에게 끊임없이 삶에 대한 새로운 방향과 도전의식을 제시하는 조타수와 같다. 가르치는 자는 무엇을 위해 살아야 하는가를 분명하게 제시하는 삶의 방향에 대한 가치 판단의 철학자여야 한다.

4) 사랑을 나누는 실천가로서의 멘터

사랑은 모든 것을 융화시키고 하나로 결집시키는 힘이 있다. 사랑은 무엇이든 담을 수 있는 그릇과 같다. 멘터는 지혜의 가르침을 사랑이라는 그릇에 담아 전달하는 사랑의 전달자이며 사랑의 실천가이다. 멘터의 가르침의 도구적 기제가 사랑이다.

가르침은 형식과 결과가 중요한 것이 아니라 내용과 과정이 중요하다. 형식과 결과를 위해서는 가르쳐야 할 지식을 열심히 영유아들에게 전달하면 된다. 하지만 가르친다는 것에 대한 진정한 의미는 영유아에게 삶의 지혜를 깨닫게 함의 의미가 크다. 지혜에 내용을 담는 그릇이 사랑이다. 영유아를 아끼고 바르게 지도하고 싶은 마음, 교사의 철학과 사상, 인생관, 영유아에게 꼭 해주고 싶은 이야기는 형식에 담겨지는 내용들이다. 이러한 내용들은 사랑이라는 그릇에 담지 않으면 영유아에게 전달되기 전에 다 없어지고 말거나 전달되더라도 금세 없어지고 만다. 사랑이라는 그릇은 멀리 있는 것이 아니다. 훌륭한 멘터는 이미 열정적인 사랑을 가진 자다. 가르침에 대한 열망과 멘티에 대한 열정이 있으면 퍼낼수록 더욱 맑고 깨끗한 물이 솟아나오는 샘물과 같아서 주면 줄수록 더욱 맑고 깨끗한 사랑의 마음이 솟아난다. 멘터는 사랑을 나누는 실천가이다. 사랑은 가르침을 위한 에너지이며 가르침이 전달되는 통로이고 그 가르침을 간직할 수 있는 그릇이다. 그리고 결과적으로는 사랑을 통해 진정한 가르침으로 변화된다. 가르침은 변화를 위한 것이며 사랑을 통하지 않고는 지혜의 가르침은 이루어지지 않는다. 소크라테스(Socrates)와 같은 역사적인 멘터들은 모두가 사랑의 화신이었다.

5) 사범으로서의 멘터

가르침은 단순한 언어를 통한 말로써만 이루어지는 것이 아니다. 말을 청산유수처럼 논리적으로 잘하는 사람은 지식을 잘 전달할 수 있을지 모른다. 그러나 인격적인 교육적 감화력은 말로는 불가능하다. 성실하게 살아야 한다는 것을 논리적으로 설명하면서 설득할 수는 있다. 그러나 성실하게 살라고 논리적 설명을 하는 교사가 불성실한 삶을 사는 사람이면 가르침에 있어서 감동과 설득력을 잃는다. 진정한 가르침은 먼저 보여 주고 행함으로써 가능하다.

위대한 역사적 멘터는 행함의 가르침을 가장 잘 보여 준 멘티의 사범들이었다. 소크라테스는 목숨을 버리면서까지 행함으로써의 가르침을 보여 주었다. 만약 소크라테스가 죽음의 독배 앞에서 죽음을 택하지 않고 도망쳤더라면 소크라테스의 가르침은 허사가 되었을지도 모른다. 예수(Jesus)도 일생의 삶과 죽음을 통해 행함으로써의 가르침을 가장 완벽하게 보여 주었다. 예수는 평소에 가르쳐 왔던 사랑을 죽음의 순간에도 실천함으로써 인류의 스승이 되었다고 볼 수 있다. 그는 부활한 후에도 행함의 가르침을 통해 베드로를 설득하고 가르치는 데 성공했음을 보여 준다. 사람은 말로써 가르치는 것이 아니라 행함으로써 가르칠 수 있는 것이다. 멘터는 가르치지 않고 행함으로써 보여 주는 사범이다.

6) 예언자로서의 멘터

가르침의 현장에서 자기충족적 예언(self-fulfilling prophecy)이 갖는 효과는 예언자의 신뢰에 따라 차이가 있다. 긍정적 예언과 부정적 예언의 효과는 예언자의 선택에 따라 정반대의 효과로 나타난다. 훌륭한 멘터는 멘티의 좋은 점을 찾아내기 위해 노력하며, 멘티의 재능을 긍정적으로 예언하는 예언자이다. 자기충족적 예언은 멘터의 지혜로운 가르침의 방법 중 하나이다. 멘티의 좋은 점을 찾아내 칭찬과 격려를 아끼지 않는 멘터는 멘티에게 희망과 용기 그리고 인생의 길을 인도하는 선구자이며, 길잡이이다. 멘터에게는 작은 정성일지라도 멘티인 영유아들의 입장에서는 순간순간이 감동이 될 수 있다. 멘터의 예언에 따라 한 인간의 숨겨진 재능을 빛나게 함으로써 시궁창에서 보물을 건져낼 수도 있고, 반대로 재능이 사장(死藏)되고 절망과 좌절의 시궁창에 빠지게도 할 수 있다.

7) 고매한 인격자로서의 멘터

가르치는 자에게는 독특한 인격의 향기가 있다. 가르치는 자의 개성과 성품에 따라서 냄새와 색깔이 다르다. 고매한 인격과 바르고 건강한 삶, 원만한 성품, 밝고 유머가 있는 자세, 뛰어난 학식, 고상한 취미 등이 어우러져 나는 향기는 멘티에게 신선한 자극과 유익한 표본이 된다. 가르치는 자의 향기는 숨길 수가 없으며, 자신의 인격의 질적 수준에 따라 종류와 질을 달리한다. 고매한 인격은 아무리 숨기려 해도 향기로 배우는 자를 감동시킨다. 인격의 향기로 가르치는 멘터는 진정한 가르침의 표본이다. 멘터의 향기는 저절로 몸에서 나는 자연적인 향기이다. 상품화된 지식을 파는 겉모습만 번듯한 교사에게서는 값싼 향수 냄새가 날 수 있지만, 지혜를 가르치는 멘터에게서는 깊고 오묘한 인격의 향기가 난다. 멘터의 향기에 취한 멘티는 결국 향기로운 인격을 발휘하는 인간이 될 수 있다.

8) 심리학자로서의 멘터

가르치는 자와 배우는 자의 생각은 다를 수 있다. 영유아의 의도와 생각을 이해하고 가르치는 것과 그렇지 못한 경우는 결과가 다르게 나타난다. 가르칠 상대를 이해하는 것은 심리학적인 이해를 의미한다. 상대의 편에서 생각하면 상대의 의도와 행동이 이해된다. 지혜로운 멘터는 멘티의 의도와 행동을 이해하는 심리학자여야 한다. 학습 과정에서는 심리학적인 보상의 법칙을 이해하기만 해서는 안 되며 이를 실행하는 것이 중요하다. 멘티의 잘한 점을 찾아서 칭찬을 아끼지 않는 멘터야말로 멘티의 긍정적 자아를 일깨워 주고 실패에 대한 용기와 희망을 심어 주는 심리치료사이다. 하지만 의미 없이 던지는 작은 칭찬 열 번보다 의미 있는 큰 칭찬이 훨씬 큰 감동을 준다. 평생 잊지 못할 큰 칭찬을 통하여 인생의 결정적인 계기를 부여하고, 큰 가르침을 줄 수 있는 멘터야말로 가장 뛰어난 심리학자이다.

이러한 멘터의 특성은 위대한 스승의 표본이다. 멘터는 멘티에게 지식을 가르치는 자가 아니라, 교육적 감화로 삶을 인도하는 안내자이기 때문이다. 영유아교사의 교육적 감화력은 지식의 전달체계에 관한 문제가 아니라 영유아교사의 지혜로운 삶의 방식에 관한 문제이기에 영유아교사의 삶과 관련되어 있다. 지혜롭고 인간적이며, 철학자인 동시에 심리학자이며, 사랑의 실천자로서의 삶의 모습을 보여 주는 사범적인 멘터가 영유아의 삶을 구원할 본질적인 대안이 될 수 있다. 위대한 멘터가 훌륭한 멘티를 길러내며 지혜의 삶을 공유한다. 영유아교사는 위대한 멘터의 능력을 갖추기 위해 부단히 노력하고 연마해야 한다.

생각의 나무

1. 영유아교사의 개념을 정리하여 발표해 봅시다.
2. 영유아교사의 개인적 자질과 전문적 자질을 비교 · 설명해 봅시다.
3. 멘터로서 영유아교사의 역할과 특성을 이해하고, 사례를 들어 설명해 봅시다.

CHAPTER
02

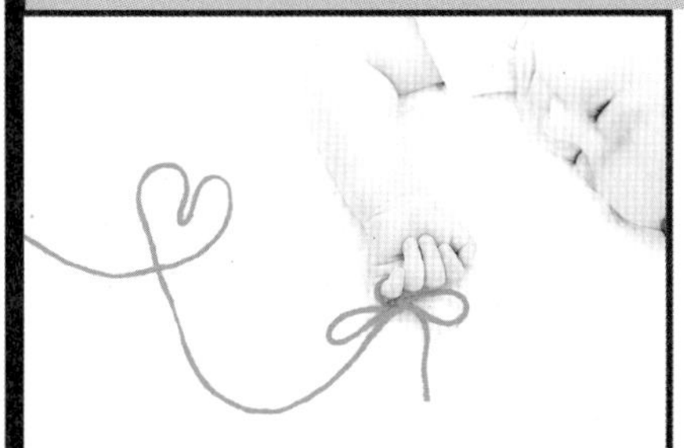

영유아교사의 교직과 교직윤리

• 학습개요 •

교직은 정신적 노동으로서 고도의 창의력과 고등정신 기능을 요구하는 직업에 해당되며, 어느 직업보다도 장기간의 준비기간을 필요로 한다. 교직은 교육활동을 수행하는 직업으로 교직만이 가지고 있는 특성이 있다. 영유아교사란 단편 지식이나 기술만을 가르치는 것이 아니라, 영유아들로 하여금 전인적 인간으로 성장 · 발달하게 하는 삶과 연계된 지혜를 가르칠 수 있어야 한다. 그래서 사람들은 영유아교사를 인간다운 인간을 육성해 내는 종합예술가라고 말하기도 한다. 그만큼 교직은 아름답고 가치 있는 직업이다. 이 장에서는 영유아교사의 교직의 특성, 교직관과 교직윤리 등에 대하여 살펴보고자 한다. 이 장의 학습목표는 다음과 같다.

• 학습목표 •

1. 영유아교직의 특성에 대하여 설명할 수 있다.
2. 네 가지 교직관의 개념을 정의할 수 있다.
3. 영유아교사로서 유치원교사헌장 및 강령, 어린이집 윤리강령의 개념을 이해하고 교직의 중요성을 인식할 수 있다.

1 교직의 의미와 특성

1) 교직의 특성

인간은 누구나 생활을 영위하기 위하여 활동하게 되며 그 활동은 생활의 기본 문제인 의식주의 문제 해결과 관련된다. 인간의 활동에서 일차적인 의식주의 문제를 해결하기 위해 종사하는 주업(主業)을 직업이라 한다. 직업은 본인은 물론, 가족이나 그 사회 집단의 유지·존속을 위한 수단이 된다. 이처럼 직업이란 어떤 종류의 것이든지 간에 인간에게 절대 필요한 것으로, 인간 개체는 물론 사회의 유지 존속에도 필요한 귀중한 원천이기에 모두가 소중한 것이다.

사회에는 직업의 종류가 수없이 많다. 예를 들면, 육체노동을 요구하는 직업이 있는가 하면 정신력을 요구하는 직업도 있다. 또 매일 기계적으로 단조롭게 반복하는 노무직이 있는가 하면, 고도의 창의력이나 고등정신 기능을 요구하거나 장기간의 교육과 훈련을 필요로 하는 직업이 있다. 교직은 정신적 노동으로 고도의 창의력과 고등정신 기능을 요구하는 직업에 해당되며, 어느 직업보다도 장기간의 준비기간을 필요로 한다. 이 같은 교직은 다른 일반적인 직업과 공통되는 점도 있으나 교직만의 특징이 있다. 교직의 몇 가지 특징을 정리하여 제시하면 다음과 같다(김희수, 2011).

- 교직은 사람을 상대로 하는 직업이다. 사람을 상대로 하는 직업은 물건 다루듯이 할 수 없다. 감정이 있고 느낌이 있어 의사소통을 해야 한다. 그러기 위해서는 서로가 서로를 이해하기 위한 자세와 따뜻하게 대하는 마음가짐이 필요하다.

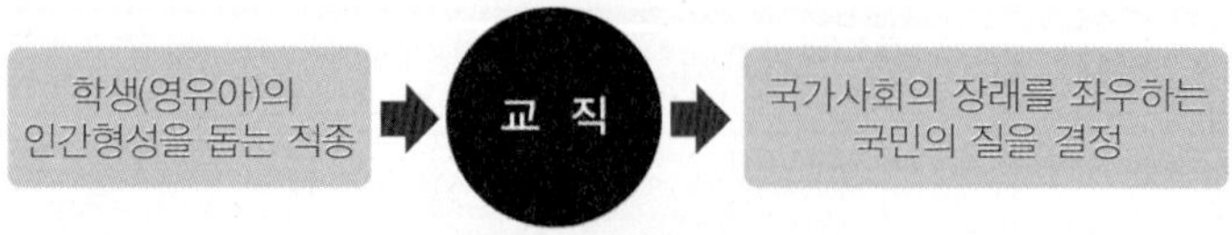

그림 2.1 교직의 특징

- 교직은 사람의 정신생활을 상대로 하는 직업이다. 정신세계는 눈에 보이지 않지만 그 잠재력은 엄청나다. 우리가 영유아를 가르칠 때 어떻게 영유아들이 받아들이는지, 영유아의 머릿속에서 무슨 일이 일어나는지, 어떤 변화가 나타나는지를 다 알 수는 없다. 그러나 최선을 다해서 그 가능성을 이해하고 정신세계에 자양분을 줄 수 있는 좋은 경험을 할 수 있도록 도와주어야 한다.
- 교직은 주로 미성숙자를 대상으로 하는 직업이다. 교사는 아직 성숙되지 않은 영유아들을 상대로 하여 훌륭한 인간상을 갖추는 것을 이상으로 삼아 교육한다. 영유아들은 나무와 같은 존재이다. 교직은 아직은 작아서 눈에 띄지 않지만 나중에 과실을 맺고 그늘을 만들어 주는 쓰임이 많은 나무를 기르는 직업이다. 따라서 잘 자랄 수 있도록 해주어야 한다. 영유아에게 미숙(未熟)은 듀이(Dewey)가 언급한 바와 같이 부족함이나 미숙함을 뜻한다기보다는 가소성으로서의 가능성을 나타내는 것이다. 영유아기는 가소성이 크므로 무한한 가능성을 가진 한 인간으로 인정하고, 성숙한 인격을 가진 이상적인 인간으로 성장하도록 도와주어야 한다.
- 교직은 봉사직이다. 영유아교사는 전문직이기 때문에 물질적 보수에 목적이 있는 것이 아니고 사회봉사의 정신을 갖고 일하는 직업이다. 다른 사람을 위해 봉사하는 경험이 필요하다. 교직이 봉사직이기 때문에 다른 사람을 배려하는 마음을 길러야 한다.

- 교직은 국가나 민족에 지대한 영향을 주는 공적 사업이다. 현대교육은 영유아의 요구에 알맞은 교육을 바라기도 하지만, 국가와 사회의 요구에 알맞은 교육을 바라고도 있다.
- 교직은 사회 진보에 중대한 역할을 맡고 있는 직업이다. 교육 자체가 현 사회를 유지·재생산하는 기능과 함께 새로운 방향으로 이끌어가는 구동력이 된다. 따라서 인류가 이룩해 놓은 문화유산을 다음 세대에 전달해야 하는 임무를 지니고 있는 동시에 보다 살기 좋은 사회를 건설하는 과업에 있어서 선구자적 역할을 해야 할 것이다.
- 교직은 끊임없이 자기 갱신을 통해 자기 향상을 도모하는 데 유리한 직업이다. 영유아를 지도하는 과정은 교사 자신의 창의와 노력을 필요로 하며 동시에 자기 수양과 자기 발전의 계기가 된다.
- 교직은 인류 공영에 기여하는 직업이다. 교육의 중요한 기능은 인류가 쌓아온 문화유산을 보존하고 계승하여 새로운 문화를 창출하는 것이라고 할 수 있다. 따라서 교육을 담당하는 교사는 인류가 축적해 온 문화유산을 다음 세대에 전달하는 동시에 현재를 출발점으로 하여 보다 나은 문화를 창조하고 희망찬 미래를 건설하는 주역인 것이다.

이를 종합해 보면 교직은 미성숙자를 대상으로 하여 바람직하고 이상적인 인간의 성장과 발달을 조장하고 국가와 민족의 번영을 꾀하는 것이다. 뿐만 아니라 인류 사회의 진보와 발달을 이룩할 수 있는 전문적이고 봉사적이면서도, 한편으로는 자기 갱신을 도모하고 윤리성이 요구되는 공적 직업이라고 말할 수 있다.

2) 영유아교직의 특성

영유아교직만이 가지고 있는 특성을 카츠와 고핀(Katz & Goffin, 1990)은 다음과 같이 정리하여 제시하고 있다.

- 영유아교사는 영유아의 다양한 정서적, 사회적, 신체적, 인지적 요구와 발달과업을 충족시켜야 하기 때문에 영유아교사가 수행해야 할 역할은 광범위하고 역할 경계선이 명확하지 않다.
- 영유아교육기관은 교육의 목적, 목표 등이 다른 다양한 영유아교육 프로그램을 운영하고 있기 때문에, 영유아교사의 임무와 교육이념도 실시하는 프로그램에 따라 달라진다.
- 영유아가 어릴수록 신체적·정서적·사회적으로 영유아교사에 대한 의존도가 높기 때문에 영유아기는 대인적 관계와 물리적 환경에 잠재되어 있을 위험에 취약하다. 그러므로 영유아들의 전인적 경험을 제공할 수 있는 환경을 조성하고 보호할 수 있는 자질을 갖춘 영유아교사를 필요로 한다.
- 영유아는 생애 처음으로 공적 집단의 일원이 되어 단체 생활에 적응해 나가야 하므로, 영유아교사는 영유아들이 분리 불안을 극복하는 것을 도와주고 영유아교육기관 생활의 일상적인 일과에 적응하는 것을 도와주어, 가정에서 영유아교육기관으로의 전환을 용이하게 해야 한다.
- 영유아교사는 영유아의 전인 발달을 비롯한 여러 광범위한 쟁점에 대하여 부모와 직접적으로 정서적 관계를 맺으며 상호 협력해야 한다.

- 영유아들은 교사에 대한 의존도가 높으므로 영유아교사는 내면화된 윤리강령에 의해 행동해야 한다.
- 영유아교육과정은 통합 운영되므로 영유아의 발달과 흥미를 고려하여 개발해야 한다.

이같은 영유아교사의 직업적 특성은 영유아교사들에게 어려움을 느끼게 하는 반면 더 보람 있는 일로 만들어 주기도 한다. 가르치는 대상이 어리면 어릴수록 교사에게 요구되는 직업적 특성은 달라질 수밖에 없다. 다음은 영유아교사가 특별히 갖추어야 할 직업적 특성들이다.

- 영유아교직은 사랑에서 시작되어야 하는 직업이다. 교육은 사람과 사람이 만나는 관계에서부터 출발한다고 생각했을 때, 사랑이라는 요소는 무엇보다도 중요하고 어떤 것보다도 우선되어야 한다. 특히 영유아기의 아이들은 교사와의 개별적인 관계, 즉 라포(rapport) 형성이 중요하고, 교사와 영유아의 바람직한 관계 형성이 교육의 성패를 좌우한다고 해도 과언이 아니다. 이러한 관계의 형성에서는 사랑이 기본이 되므로 영유아를 가르치는 교사에게 아주 소중하고 꼭 있어야 할 요소가 바로 사랑이다. 그런데 이러한 사랑이라는 개념은 공적이기보다 사적인 성격을 가진 것으로 여겨져 전문 직업을 가진 사람에게는 적합하지 않은 것으로 여긴다. 따라서 영유아교사에게 필요한 사랑을 사적인 것으로 간주하여 부모의 사랑과 같은 것으로 오인하기도 한다. 그러나 영유아교사로서의 사랑은 모성적인 사랑과 구별되는 것으로서 모성적인 사랑처럼 처음부터 있어 왔던 사랑이 아니라 영유아와의 개별적인 관계에서의 노력에 의해 생겨난다. 그리고 모성적인 사랑은 영원한 것이지만 교사와 영유아의 사랑은 1년을 단위로 새롭게 형성된다. 그리고 교사의 사랑은 모성적인 사랑과 감정을 포함하지만 여기에 교육의 실행자로의 요소를

포함한다(Goldstein, 1997). 따라서 영유아교사는 부모의 사랑과는 다르지만 사랑에 기초해야 한다.

- 영유아교직은 가르치는 일과 돌보는 일을 조화롭게 유지해야 하는 직업이다. 영아나 유아들을 보면서 교육은 있을 수 없다고 생각한다. 영아들이 말도 못 알아듣고 자기 의사를 표현하지 못하기 때문에 단순히 돌봐주는 일이 전부라고 생각할 수 있다. 그러나 영아들에게도 교육과 보육은 동시에 존재해야 한다. 다만, 교육과 보육의 중점을 연령에 따라 탄력적으로 운영해야 하며, 유아들을 관찰함으로써 교사가 적절하게 교육과 보육의 비중을 구성해야 한다. 교육과 보육은 분명히 경계를 정하기 어려운 특성이 있다. 하지만 잘 보살피는 것이 잘 교육하는 것이 되기도 한다. 교사의 의도를 가지고 무언가 교육적 기대를 갖고 접근한다면 그 순간 교육이 되는 것이다. 따라서 영유아교사는 돌보는 일과 가르치는 일의 경계를 넘나들면서 영유아들에게 필요한 것이 무엇인지를 결정해야 한다.
- 영유아교직은 눈에 보이지 않는 측면의 상호작용에 민감해야 하는 직업이다. 영아나 유아들은 언어로 자신의 의견이나 감정을 표현하는 일이 서툴다. 따라서 초·중등학교 학생들처럼 언어를 통한 의사소통에 의존한다면 교사와 영유아 사이에 교감이 이루어지지 못하고 서로가 부적절함을 느끼게 될 것이다. 가르치는 일은 배우는 사람과의 교감이 중요하다. 이를 위해서 교사는 영유아의 얼굴 표정, 행동적 특징, 눈빛 등의 비언어적인 신호에 민감해야 한다. 따라서 언어를 통한 의사소통보다는 보이지 않는 비언어적인 여러 가지 신호들에 민감해야 하는 직업이다.

3) 교직관

교직관이란 교직이라는 직업의 본질을 어떻게 보느냐의 관점이며, 교직이라는 직업 또는 교원이라는 직무의 기본 성격을 어떻게 파악하느냐 하는 것과 관련이 있는 개념이다. 교직관은 교직에 대한 지각을 의미하지만, 인지적 측면만이 아닌 교직에 대한 태도나 가치관도 함께 수반하는 개념이라고 할 수 있다.

현대사회의 급속한 산업화와 사회가 다원화되고 있는 상황에서 교직에 대한 관념이나 사회적 지위도 고정되어 있지 않고, 시대와 사회적 상황에 따라 변천되어 왔다. 그러므로 교직관의 변천은 일반적으로 제 2차 세계대전을 분기점으로 하여 그 이전까지의 교직관을 전통적 교직관이라 하고, 그 이후를 현대적 교직관으로 구분하고 있다. 이 같은 시대의 변천과정에서 교직관은 크게 ① 성직관, ② 노동직관, ③ 전문직관, ④ 생명인관 등 네 유형으로 설명되고 있다.

전통적 교직관에서는 교육이 인간의 출생과 관련하여 개개인 자신의 귀속적 신분에 의해 특권층의 전유물이었기 때문에 이 시기에 있어서 교직은 다른 직업과는 달리 한 사회에서 신성시되었고 존경의 대상이었으며 일반 대중의 사표(師表)였다. 현대 교직관에서는 교육이 어떤 특권층에게만 한정된 전유물이 아니고, 교육대상과 교육기회의 확대라는 변화하는 사회의 추세에 따라 교직도 현존 사회에 존재하고 있는 여러 가지 직업 가운데 한 가지 직능적 직업으로 인식되어 보다 전문성을 강조하게 되었다. 따라서 교직관도 이제는 중간혼합유형(中間混合類型)의 관점에서 바라봐야 할 것이다. 교직관의 유형을 정리하면 다음과 같다.

(1) 성직관

교직을 일반적으로 성직자상과 같이 세속적인 다른 직업과 구분하여 바라보는 관점이다. 교직이 주로 인간의 인격 형성을 돕는 일을 담당하며 단순한 지식과 기술보다 참다운 사람을 만들어야 한다는 생각이 지배적이었다. 교직은 고도의 정신적 봉사활동으로서의 세속적인 것들인 돈, 명예, 권력 등과는 거리가 먼 직업이 되어야 한다는 생각은 많은 교직자들 자신은 물론이거니와 사회 각계 인사들이 바라는 바였다. 오늘날의 황금만능주의 사조 속에서도 비교적 물질의 세계보다도 정신의 세계에 보다 많은 주위와 관심을 집중시켜야 한다는 것이 교직자에 대한 일반적 인식의 기초가 되어 있다. 또한 교직자는 그 활동이 주로 미래지향적이기 때문에 현실사회보다도 다가오는 이상 사회를 그리고 그 실현을 위한 학생들의 심신을 기르고 닦아야 된다는 생각이 지배적이다. 이러한 관점에서 교직을 하나의 성스러운 정신적 활동으로 바라보는 관점이다.

(2) 노동직관

교직의 노동직관은 앞서 언급한 성직관과는 대조적인 입장을 취한다. 교직도 하나의 노동직이며 본질적으로 다른 직업과 차이가 없다는 것이다. 그것이 비록 정신적 노동 위주로 한다 할지라도 정신적 노동과 물질적 노동을 구분하는 것은 오히려 불평등에서 출발할 것을 강요받는다고 보는 관점이다. 이 같은 견해에 동조하는 사람들은 노동의 대가로서 보수를 받고 근무조건의 개선을 위하여 노동조합을 결성한다거나 단체행동권까지를 포함하여 집단적으로 투쟁하는 것이 당연하다고 생각한다. 다시 말해, 교직자도 노동에 대한 반대급부로서 처우개선이나 근무조건 등의 향상을 위하여 노동 3권인 ① 단체결성권, ② 단체교섭권, ③ 단체

행동권을 갖춘 노동조합을 결성하고, 조합을 통한 정부나 고용주인 경영자와 맞서 투쟁해야 한다는 관점이다.

(3) 전문직관

교직의 전문직관은 현대교육에서는 일반적으로 널리 받아들여지고 있는 관점이며, 지식과 자질 등에서 고도의 전문성을 요구한다. 전문직으로서의 교사상은 다음과 같은 몇 가지의 특징을 가지고 있다(김종철 외, 1996).

- 교원은 전문성을 확보하기 위하여 장기간에 걸친 교육과 훈련을 받을 뿐만 아니라 지식과 기술의 폭발적 증대와 사회 변화에 대비하여 계속 연구해야 한다.
- 교원에게는 엄격한 자격기준이 적용되어야 하며, 부적격한 자는 교직에서 배제시켜야 한다.
- 교원은 고도의 자율성과 더불어 사회의 책임성을 지녀야 하며, 이를 위하여 교원윤리의 정립 및 교권의 확립이 전제되어야 한다.
- 교원은 전문직 단체를 통하여 자질의 향상, 지위의 향상 및 교육정책에의 참여를 보장받아야 한다.

이러한 전문직으로서의 교직은 특별한 전문성과 자격을 소유하게 되는데, 자율성과 더불어 책임을 갖게 되며 이에 상응하는 사회적·경제적 지위를 법적으로 보장받는다.

(4) 생명인관

생명인으로서의 교직관은 자연인으로서 영유아와 더불어 삶을 나누는 생명인으로 보는 관점이다. 생명인로서의 교사는 단지 영유아의 인지적 능력뿐만 아니라 몸, 마음, 영혼을 돌보며 나아가 함께 살아가는 교육공동체의 일원으로 본다. 그러므로 교사는 자연, 영유아, 사회적 환경과의 관계 속에서 생명인으로서의 자기관리 및 관계맺기를 해나가게 된다. 이러한 생명인으로서의 교직관은 어머니나 농부의 마음으로 생명을 섬기고, 관계를 돌보며, 삶을 보듬는 과정을 내포한 교사상을 지니게 된다.

2 교직윤리강령

1) 우리나라 교직윤리의 의미와 성격

(1) 교직윤리의 의미

교직윤리는 바른(right) 것 중에서도 가장 좋은(best) 것을 기준으로 하고, 이 기준에 따라 반드시 행해야 하는(ought to) 것을 말한다. 이때 무엇이 바람직한 가치인가 그리고 무엇을 행해야 하는가에 대한 접근 방법이 결합됨으로써 교직을 수행하는 데 필요한 질문이자 기준이 된다. 교직윤리는 교육활동을 수행하는 교사가 지켜야 할 공식적·비공식적 규범이고, 교직행동에 대한 포괄적 지침이며, 교육의 질 내지 교육의 수월성을 제고하기 위한 교사행동의 지향점이라고 할 수 있다. 따라서 교직은 학생(영유아)과 학부모 그리고 국민 전체에게 봉사하는 전문직으로서 높은 수준의 행동윤리를 가져야 하며, 민주이념의 수호에 헌신이 요구된다. 또한 민주적 생활 질서를 유지·발전시키고 공익을 추구해야 하며, 업무수행에서도 창의성과 적극성을 가질 것을 요청받고 있다(김명수 외, 2010).

(2) 교직윤리의 성격

우리나라 교직윤리의 성격을 정리하면 다음과 같다(윤종건 · 전하찬, 1996).

- 교직윤리는 비공식적 실천규범이다. 가르치는 것은 공식적인 규율보다 비공식적인 인간관계의 영향을 더 많이 받는다. 그러므로 교사는 법이 정하고 있는 공식적인 규율도 지켜야 하지만 비공식적인 규율, 즉 교직윤리를 더욱 중시해야 한다.
- 교직윤리는 교원의 모든 행위와 관련된다. 교직윤리는 교육의 목적이나 내용뿐만 아니라 교수과정, 학생 및 학부모와의 관계 등과 깊이 관련되어 있다.
- 교직윤리는 교육의 질을 좌우한다. 현대국가는 교육의 질이 바로 국력이라 해도 지나치지 않다. 우수한 인재의 양성, 풍부한 자질과 탁월한 능력을 가진 국민의 육성이 바로 교육이기 때문이다. 따라서 교원의 윤리관을 확립하는 것이 새로운 과제로 부각되고 있다. 교직윤리의 확립 없이는 양질의 교육을 보장할 수 없기 때문이다.

교원의 실천 영역과 교직윤리와의 관계를 정리하면 표 2.1과 같다.

표 2.1 교원의 실천 영역과 교직윤리와의 관계

지도 영역	교원의 실천 영역	교직윤리의 내용
학생지도	• 지도내용의 선정	• 지도내용의 객관성
	• 실제 지도의 과정	• 최선의 방법 적용, 성실한 지도
	• 평가의 관리	• 공정성, 객관성, 합리성
인간관계	• 학생과의 관계	• 교육애, 인격 존중, 정확한 이해
	• 동료와의 관계	• 상호 존중, 상호 신뢰
	• 지역사회와의 관계	• 교육홍보 및 의견수렴
공직생활	• 전문성 관리	• 연구, 근면, 성실
	• 준법생활	• 질서 존중, 솔선수범
	• 공공생활	• 청렴, 봉사, 중립성

출처: 윤종건 · 전하찬(1996).

(3) 교직윤리규정

우리나라의 교직윤리규정은 그동안 3회에 걸쳐 제정되었다. 첫 번째는 1958년 9월 19일 제1장 학생, 제2장 가정, 제3장 사회, 제4장 교양으로 구성된 교원윤리강령이다. 두 번째는 1982년 5월 15일 스승의날에 대한 교육연합에서 사도헌장과 전문, 제1장 스승과 제자, 제2장 스승의 자질, 제3장 스승의 책임, 제4장 교육자와 단체, 제5장 스승과 사회로 구성된 사도강령을 공포하였다. 세 번째는 2005년 5월 15일 스승의날에 발표된 교직윤리헌장으로, 사도헌장과 사도강령을 대신하기 위한 것이었다. 사도헌장과 사도강령, 교직윤리헌장을 제시하면 다음과 같다.

① 사도헌장

사도헌장

오늘의 교육은 개인의 성장과 사회의 발전과 내일의 국운을 좌우한다.
우리는 국민 교육의 수임자로서 존경받는 스승이요, 신뢰받는 선도자임을 자각한다. 이에 긍지와 사명을 새로이 명심하고 스승의 길을 밝힌다.

- 우리는 제자를 사랑하고 개성을 존중하며 한마음 한뜻으로 명랑한 학풍을 조성한다.
- 우리는 폭넓은 교양과 부단한 연찬으로 교직의 전문성을 높여 국민의 사표가 된다.
- 우리는 원대하고 치밀한 교육계획의 수립과 성실한 실천으로 맡은 바 책임을 완수한다.
- 우리는 서로 협동하여 교육의 자주 혁신과 교육자의 지위 향상에 적극 노력한다.
- 우리는 가정교육, 사회교육과 유대를 강화하여 복지국가 건설에 공헌한다.

② 사도강령

사도강령

- 대한교육연합회에서 1982년 5월 15일 채택 · 공포함

➡

전 문
제1장 스승과 제자
제2장 스승과 자질
제3장 스승의 책임
제4장 교육자와 단체
제5장 스승과 사회

사도강령

민주국가의 주인은 국민이므로 나라의 주인을 주인답게 길러내는 교육은 가장 중대한 국가적 과업이다. 우리 겨레가 오랜 역사와 찬란한 문화를 계승 · 발전시키며, 선진국과 어깨를 나란히 하여 인류 복지 증진에 주도적으로 기여하려면 무엇보다도 문화국민으로서의 의식 개혁과 미래사회에 대비한 창의적이고 자주적인 인간 육성에 온 힘을 기울여야 한다. 그러기 위하여 우리 교육자는 국가발전과 민족중흥의 선도자로서의 사명과 긍지를 지니고 교육을 통하여 국민의 다양한 능력을 최대한으로 계발하여 개인의 자아실현과 국력의 신장, 그리고 민족의 번영에 열과 성을 다하여야 한다. 또한 교육자의 품성과 언행이 학생의 성장발달을 좌우할 뿐만 아니라 국민 윤리 재건의 관건이 된다는 사실을 명심하고 사랑과 봉사, 정직과 성실, 청렴과 품위, 준법과 질서에 바탕을 둔 사도 확립에 우리 스스로 헌신하여야 한다. 이러한 우리의 뜻은 교직에 종사하는 모든 교육자가 공동체의식을 가지고 노력하여야만 이루어질 수 있다는 것을 인식하고, 사도헌장 제정에 때맞추어 우리의 행동지표인 현행 교원윤리강령으로 개정하여 이를 실천함으로써 국민의 사표가 될 것을 다짐한다.

제1장 스승과 제자

스승의 주된 임무는 제자로 하여금 고매한 인격과 자주정신을 가지고 국가가 사회에 봉사할 수 있는 유능한 국민을 육성하는 데 있다. 그러므로,

① 우리는 제자를 사랑하고 인격을 존중한다.
② 우리는 제자의 심신 발달이나 가정의 환경에 따라 차별을 두지 아니하고 공정하게 지도한다.
③ 우리는 제자의 개성을 존중하며, 그들의 개인차와 욕구에 맞도록 지도한다.
④ 우리는 제자에게 직업의 존귀함을 깨닫게 하고, 그들의 능력에 알맞은 직업을 선택하도록 지도한다.
⑤ 우리는 제자 스스로가 원대한 이상을 세우고, 그 실현을 위하여 정진하도록 사제동행한다.

제2장 스승의 자질

스승은 스승다워야 하며 제자의 거울이 되고 국민의 사표가 되어야 한다. 그러므로,

① 우리는 확고한 교육관과 긍지를 가지고 교직에 종사한다.
② 우리는 언행이 건전하고 생활이 청렴하여 제자와 사회의 존경을 받도록 한다.
③ 우리는 단란한 가정을 이룩하여 국법을 준수하여 사회의 모범이 된다.
④ 우리는 학부모의 경제적, 사회적 지위를 이용하지 아니하며 이에 좌우되지 아니한다.
⑤ 우리는 자기 향상을 위하여 전문적인 지식과 전문화된 기술을 계속 연마하는데 주력한다.

제3장 스승의 책임

스승은 제자교육에 열과 성을 다하며 맡은 바 책임을 다하여야 한다. 그러므로,

① 우리는 사회의 일원으로서 모든 책임과 의무를 다한다.
② 우리는 교재 연구와 교육자료 개발에 만전을 기하여 수업에 최선을 다한다.
③ 우리는 생활지도의 중요성을 인식하여 제자들이 올바른 사람이 될 수 있도록 지도에 철저를 기한다.
④ 우리는 교육의 성과를 공정하게 평가하고 이를 교육에 충분히 활용한다.
⑤ 우리는 제자와 성인들을 위한 정규교과의 활동에 적극 참여한다.

제4장 교육자와 단체

교육자는 지위의 향상과 복지의 증진을 위하여 교직단체를 조직하고 적극 참여함으로써 단결된 힘을 발휘할 수 있다. 그러므로,

① 우리는 교직단체의 활동을 통하여 교육자의 처우와 근로조건의 개선을 꾸준히 추진한다.
② 우리는 교직단체의 활동을 통하여 교육자의 자질 향상과 교권의 확립에 박차를 가한다.
③ 우리는 단편적, 편파적인 활동에 참가하지 아니하고 교육을 그 방편으로 삼지 아니한다.
④ 교직단체는 국가의 주요 교육 결정에 참여하고 교육자의 여망과 주장에 충분히 반영시킨다.
⑤ 교직단체는 교육의 혁신과 국가의 발전을 위하여 다른 직능단체나 사회단체와 연대 협동한다.

제5장 스승과 사회

스승은 제자의 성장발달을 돕기 위하여 학부모와 협력하며 학교와 사회의 상호작용의 원동력이 되고 국가발전의 지도자가 된다. 그러므로,

① 우리는 학교의 방침과 제자의 발달상황을 가정에 알리고 학부모의 정당한 의견을 학교교육에 반영시킨다.
② 우리는 사회의 일정을 정확하게 파악하고 지역사회의 생활과 문화 향상을 위하여 봉사한다.
③ 우리는 사회의 요구를 교육계획에 반영하며 학교의 교육활동을 사회에 널리 알린다.
④ 우리는 국민의 평생교육을 위하여 광범위하게 협조하고 그 핵심이 된다.
⑤ 우리는 확고한 국가관을 가지고 국민 의식 개혁에 솔선수범하여, 국가발전의 선도자가 된다.

③ 교직윤리헌장

교직윤리헌장

우리는 교육이 인간의 가치와 존엄성을 높이며, 개인의 성장과 자아실현은 물론 국가와 민족의 미래에 중대한 영향을 준다는 사실을 명심하고, 국민으로부터 부여받은 교육자의 책무를 다하기 위해 최선을 다한다. 우리는 균형 있는 지 · 덕 · 체 교육을 통하여 미래사회를 열어갈 창조정신과 세계를 향한 진취적 기상을 길러줌으로써, 학생을 학부모의 자랑스런 자녀요 더불어 사는 민주사회의 주인으로 성장하게 한다. 우리는 교육자의 품성과 언행이 학생의 인격형성을 좌우할 뿐만 아니라 사회전반의 윤리적 지표가 된다는 사실을

깊이 인식하고, 윤리성과 전문성을 높이기 위해 노력한다. 이에 우리 모두의 의지를 모아 교직의 윤리를 밝히고, 사랑과 정직과 성실에 바탕을 둔 교육자의 길을 걷는다.

우리의 다짐

하나, 나는 학생을 사랑하고 학생의 인권과 인격을 존중하며, 합리적인 절차와 방법에 따라 지도한다.

하나, 나는 학생의 개성과 가치관을 존중하며, 나의 사상 · 종교 · 신념을 강요하지 않는다.

하나, 나는 학생을 학업성적 · 성별 · 가정환경의 차이에 따라 차별하지 않으며, 부적응아와 약자를 세심하게 배려한다.

하나, 나는 수업이 교사의 최우선 본분임을 명심하고, 질 높은 수업을 위해 부단히 연구하고 노력한다.

하나, 나는 학생의 성적평가를 투명하고 엄정하게 처리하며, 각종 기록물을 정확하게 작성 · 관리한다.

하나, 나는 교육전문가로서 확고한 교육관과 교직에 대한 긍지를 갖고, 자기개발을 위해 노력한다.

하나, 나는 교직 수행과정에서 습득한 학생과 동료 그리고 직무에 관한 정보를 악용하지 않는다.

하나, 나는 학생이나 학부모로부터 사적 이익을 취하지 않으며, 사교육기관이나 외부 업체와 부당하게 타협하지 않는다.

하나, 나는 잘못된 제도와 관행을 개선하는데 앞장서며, 교육적 가치를 우선하는 건전한 교직문화 형성에 적극 참여한다.

하나, 나는 학부모와 지역사회를 교육의 동반자로 삼아 바람직한 교육공동체 형성을 위해 함께 노력한다.

2) 유치원교사헌장 및 교사강령

교육부는 2009년 12월 유아교육 선진화 방안을 발표하고 이를 지원하기 위해 육아정책연구소와 2010년 1월부터 유아교육 선진화 기반 조성 사업을 진행하였다. 이에 선진화 사업의 일환으로 유치원교사헌장과 교사강령을 발표하였다. 유치원교사헌장은 유치원교사가 교직을 수행하면서 스스로 실천하기를 기대하는 규범이다. 유치원교사강령은 교사 · 유아 · 가정 · 사회와의 관계 형성 및 직무수행과정에서 딜레마 상황에 직면했을 때 가장 적절한 의사결정을 내릴 수 있도록 이끌어 주는 지침으로서의 역할을 한다.

유치원교사헌장과 교사강령의 내용은 다음과 같다.

(1) 유치원교사헌장

유치원교사헌장

유아교육은 유아의 삶에 초석이 되며, 우리 사회와 국가의 미래를 결정한다. 우리는 국민의 생애 초기교육을 책임지며, 사회로부터 존경받는 교사로서 자신을 연마하고 소명의식을 가지고 유아교육자로서 가야 할 길을 밝힌다.

1. 우리는 유아를 사랑하고 개성을 존중하며 전인발달을 지원하고 평화로운 교실문화를 조성한다.
2. 우리는 미래지향적이며 질 높은 교육을 계획하고 실천하여 교육자로서의 책임을 다한다.
3. 우리는 가정에 대한 이해와 연대를 강화하여 교육복지사회 구축에 공헌한다.
4. 우리는 사회 변화와 요구에 적극 부응하여 유아교육의 혁신과 발전을 위해 노력한다.
5. 우리는 교육자로서의 품위를 유지하고 부단한 자기개발을 통해 유아교육전문가로서의 위상을 갖춘다.

(2) 유치원교사강령

유치원교사강령

01. 유치원교사와 유아

핵심 개념: 사랑, 평등, 개성 존중, 전인교육, 안전과 보호

1. 우리는 유아를 사랑하며 유아의 인격을 존중한다.
2. 우리는 유아의 개인적 · 가정적 배경에 관계없이 모든 유아를 평등하게 대한다.
3. 우리는 유아의 개성을 존중하며, 개인의 흥미와 잠재력에 적합한 교육을 제공한다.

4. 우리는 유아의 전인발달을 지원하는 교육과 환경을 제공한다.
5. 우리는 유아의 안녕을 위협하는 가정적 · 사회문화적 · 경제적 상황을 적극적으로 파악하고 유아를 보호하기 위해 노력한다.

02. 유치원교사와 가정

핵심 개념: 가족에 대한 이해, 권리 보호, 협력, 지원
1. 우리는 유아를 교육하고 지원하기 위해 가정과 연계하고 협력관계를 구축한다.
2. 우리는 교육적 목적으로 수집한 가족 정보에 대해 기밀을 유지하고 가족의 사생활을 보장한다.
3. 우리는 유치원에서 일어난 안전사고나 위험상황에 대해 가족에게 충분히 설명한다.
4. 우리는 가족에게 유치원을 개방하며 필요한 정보를 제공한다.
5. 우리는 유치원 운영에 관련된 중요한 의사결정 과정에 부모를 참여시킨다.
6. 우리는 가족에게 필요한 지역사회 자원에 대한 정보를 구축하고 이를 가족에게 적극 제공한다.

03. 유치원교사와 사회

핵심 개념: 사회에 대한 이해, 교원의 지위 향상, 유아교육 위상 강화, 교직문화, 지역사회와의 협력
1. 우리는 사회의 흐름을 파악하고, 이를 교육에 반영하고자 노력한다.
2. 우리는 유아에 관련된 법률과 정책을 이해하고, 이를 개선하기 위한 활동에 적극 참여한다.
3. 우리는 교직 관련 단체와 전문가협회를 통해 교권 확립을 위한 활동에 참여한다.
4. 우리는 유치원교육을 사회에 널리 알려 유아교육의 위상을 높인다.
5. 우리는 교직원 간의 상호 존중과 협력을 통해 건전한 교직문화를 형성한다.
6. 우리는 유치원과 연계하여 지역사회의 생활과 문화 향상에 기여한다.

04. 유치원교사의 책무

핵심 개념: 직업의식과 긍지, 인성(열정 · 개방성 · 창의성 · 자율성), 교사로서의 품위, 연구와 자기계발
1. 우리는 교육전문가로서의 직업의식을 갖는다.
2. 우리는 건전한 국가관과 확고한 교육관을 가지고 교직에 종사한다.
3. 우리는 유아에게 최적의 교육을 제공하기 위해 열과 성을 다한다.
4. 우리는 건전한 언행과 생활태도로 유아에게 모범이 되도록 한다.
5. 우리는 열린 사고와 개방적 태도를 가지고 전문성 향상에 매진한다.
6. 우리는 다양한 분야의 전문가와 교류하고 새로운 지식과 정책을 비판적으로 수용한다.

3) 어린이집 원장 및 보육교사 윤리강령

한국어린이집총연합회는 윤리적 문제에 대해 자정의 노력을 기울여야 한다는 보육인들의 자성에 따라, 2010년 윤리강령제정위원회를 구성하여 어린이집 원장 및 보육교사의 행동기준인 윤리강령을 제정하였다. 윤리강령은 보육교사로 하여금 비판적으로 사고할 수 있도록 도와주고, 교사의 결정에 방향성을 제시해 주며, 올바른 판단을 내릴 수 있도록 이끌어주는 지침 역할을 한다.

보육인 윤리선언과 어린이집 원장 및 보육교사 윤리강령의 내용은 다음과 같다.

(1) 보육인 윤리선언문

보육인 윤리선언문

나는 영유아의 건강한 성정과 발달을 지원하는 보육교사(어린이집 원장)로서, 직무상의 윤리적 책임을 다하여 다음 사항들을 지킬 것을 다짐합니다.

- 나는 내가 영유아에게 지대한 영향을 미치는 존재임을 잊지 않으며, 항상 스스로의 말과 행동에 신중을 기한다.
- 나는 영유아의 인격과 권리를 존중하며, 어떠한 경우에도 영유아에게 해가 되는 일을 하지 않는다.
- 나는 동료를 존중하고 지지하며, 서로 협력하여 최상의 보육서비스를 제공하기 위해 노력한다.
- 나는 보육의 사회적 책임과 역할을 인식하고, 영유아의 권익과 복지를 위한 활동에 앞장선다.
- 나는 〈어린이집 원장 · 교사 윤리강령〉을 직무수행의 도덕적 규준으로 삼아 진심을 다하여 충실히 이행한다.

(2) 어린이집 원장 및 보육교사 윤리강령

어린이집 원장 및 보육교사 윤리강령

보육은 영유아를 건강하게 양육하고 안전하게 보호하며, 발달특성에 적합한 교육을 제공하는 복지서비스이며, 보육인은 사랑과 존중과 전문지식을 바탕으로 영유아의 전인적 성장에 영향을 미치는 전문직업인이다. 그러므로 보육인은 윤리적 의식과 태도를 가지고 사회적 본분에 임해야 한다.

이에 어린이집 원장과 보육교사는 스스로 책무성을 발현하여 윤리강령을 제정함을 밝힌다. 본 강령을 직무수행의 규준으로 삼아 보육현장에서 발생하는 윤리적 갈등을 해결하고 생존권, 보호권, 발달권, 참여권 등 영유아의 권리를 보장함으로써 직무상의 윤리적 책임을 다하여 전문직업인으로서의 위상을 공고히 하고자 한다.

더불어 영유아와 그 가정, 동료와 사회의 존엄성을 존중하는 보육의 실천으로 다각적인 신뢰를 구축하고, 영유아의 잠재력을 최대한 발현시킴으로써 영유아가 긍정적인 자아개념을 형성하고 유능한 사회인으로 성장할 수 있도록 도와 궁극적으로는 영유아와 그 가정, 동료와 사회의 통합적 · 이상적 복지 실현에 기여하고자 한다.

제1장 영유아에 대한 윤리

1. 영유아에게 고른 영양과 충분한 휴식을 제공하며, 몸과 마음이 건강한 사람으로 자라도록 돕는다.
2. 성별 · 지역 · 종교 · 인종 · 장애 등 어떤 이유에서도 영유아를 차별하지 않고, 공평한 기회를 제공한다.
3. 영유아는 다치기 쉬운 존재임을 인식하여 항상 안전하게 보호한다.
4. 영유아에 대한 정서적 · 언어적 · 신체적 학대를 행하지 않는다.
5. 어린이집 내외에서의 영유아 학대나 방임을 민감하게 관찰하며, 필요한 경우 관련 기관('아동보호전문기관' 등)에 보고하고 조치를 취한다.
6. 영유아의 인격을 존중하고, 개인의 잠재력과 개성을 인정한다.
7. 개별적 상호작용 속에서 영유아의 요구를 수용하기 위해 노력한다.
8. 영유아의 사회 · 정서 · 인지 · 신체발달을 통합적으로 지원하는 보육 프로그램을 실시한다.
9. 특별한 도움을 필요로 하는 경우, 전문가와 협력하여 영유아의 입장에서 최선의 대안을 찾는다.
10. 보육활동을 계획 · 실행 · 평가하는 모든 과정에 영유아의 입장에서 최선의 대안을 찾는다.
11. 영유아의 개인적 기록과 정보에 대해 비밀을 보장한다.

제2장 가정에 대한 윤리

1. 상호 신뢰를 바탕으로 영유아의 가정과 동반자적인 관계를 유지한다.
2. 각 가정의 양육 가치와 의사결정을 존중한다.
3. 경제적 수준, 가족형태, 지역, 문화, 관습, 종교, 언어 등 어떤 것에 의해서도 영유아의 가정을 차별 대우하지 않는다.
4. 보육활동 및 발달상황에 관한 정보를 정확하게 제공하여 영유아에 대한 가정의 이해를 돕는다. 다문화, 심신장애 등으로 의사소통에 도움이 필요한 경우 문제를 해결할 최선의 방법을 도모한다.
5. 어린이집 운영 전반에 관한 정보를 공개하여 영유아 가정의 알 권리에 응한다.
6. 보육 프로그램과 주요 의사결정에 영유아의 가정이 참여하도록 안내한다.
7. 필요한 사회적 지원, 전문서비스 등 관련 정보를 제공하여 영유아 가정의 복리 증진을 돕는다.
8. 영유아 가정의 사생활을 보호하고 익명성을 보장한다.

제3장 동료에 대한 윤리

[어린이집 원장]
1. 최선의 보육서비스 제공에 필요한 인적 · 물적 환경의 조성 및 유지를 위해 노력한다.
2. 보육교사를 신뢰하고 존중하며 전문성과 자율성을 인정한다.
3. 성별 · 학연 · 지연 · 인종 · 종교 등에 따라 보육교사를 차별하지 않는다.
4. 업무 관련 의사결정이 필요한 경우, 보육교사의 의견 개진 기회를 보장한다.
5. 보육교사에게 지속적 재교육 등 전문적 역량 제고의 기회를 부여한다.
6. 보육교사에게 적정 수준의 보상(보험 · 급여 등)을 안정적으로 제공하며, 복지증진에 힘쓴다.
7. 보육교사 개인의 기록과 정보에 대한 비밀을 보장한다.
8. 영유아의 사회 · 정서 · 인지 · 신체발달을 통합적으로 지원하는 보육 프로그램을 실시한다.
9. 특별한 도움을 필요로 하는 경우, 전문가와 협력하여 영유아의 입장에서 최선의 대안을 찾는다.
10. 보육활동을 계획, 실행, 평가하는 모든 과정에 영유아의 흥미와 의사를 반영한다.
11. 영유아의 개인적 기록과 정보에 대해 비밀을 보장한다.

[보육교사]
1. 존중과 신뢰를 바탕으로 협력하며, 서로의 전문성과 자율성을 인정한다.
2. 상호 간 역량 계발과 복지 증진에 부합하는 근무환경이 되도록 힘쓴다.
3. 원장 및 동료와 영유아보육에 대한 신념을 공유한다.
4. 보육교사로서의 전문성 함양을 위해 스스로 노력한다.

5. 시설 내에서 영유아 및 보육교사의 인권과 복지를 위협하는 비윤리적 사태가 발생한 경우, 법률규정이나 윤리기준("한국보육시설연합회 윤리강령위원회" 참조)에 따라 조치를 취한다.

제4장 사회에 대한 윤리

1. 공보육에 대한 책임을 인식하고, 항상 질 좋은 보육서비스를 제공한다.
2. 영유아의 안전을 위협하는 환경이나 정책이 발견될 시, 관계기관과 협의하여 개선한다.
3. 공적 책임이 있는 어린이집으로서 재정의 투명성을 유지하고, 부정한 방법으로 사적인 이익을 취하지 않는다.
4. 영유아의 권익보호를 위해 관련 정책 결정 및 법률 제정에 적극 참여하며, 사회적으로 이를 널리 알리는 데 앞장선다.
5. 지역사회 실정에 맞는 어린이집의 책임과 역할을 인지하고, 실천하고자 노력한다.

4) NAEYC의 영유아교사를 위한 윤리강령

미국에서는 영유아교사와 종사자를 위한 최초의 윤리강령이 1976년 미네소타 미국유아교육협회에서 채택되었고, 그 후 워드(Ward, 1977)에 의해 제시된 바 있다. 또한 1989년 NAEYC의 윤리강령이 처음으로 채택되었고, 1997년과 2005년 두 차례에 걸쳐 개정되었다. 2005년 개정된 윤리강령의 서문에서 NAEYC는 유아와 함께 일하는 사람들이 도덕적이고 윤리적인 유아와 함께 일하는 사람들이 도덕적이고 윤리적인 일상적 의사결정에 수시로 직면함을 인식하고, 영유아의 보호와 교육에서 직면하는 중요한 윤리적 갈등해결을 위한 책임 있는 행동지침과 보편적 기준을 제시한다고 밝히고 있다. 또한 윤리강령의 기본은 영유아 보호와 교육의 역사 속에 뿌리내려 있는 다음의 7가지 핵심가치(core values)임을 전제하고 있다.

핵심가치

- 아동기를 인생의 독특하고 가치 있는 단계로 인정한다.
- 아동발달과 학습에 관한 지식에 기초하여 직무를 수행한다.
- 아동과 가족 사이의 연대를 인정하고 지지한다.
- 아동은 가족 · 문화 · 지역공동체 및 사회의 맥락 속에서 최대한 이해되고 지원되어야 함을 인식한다.
- 개개인(아동, 기족구성원, 동료)의 존엄성, 가치로움, 개성을 존중한다.
- 아동 · 가족 · 동료의 다양성을 존중한다.
- 신뢰와 존중에 기반한 관계 속에서 아동과 성인이 잠재력을 최대한 성취함을 인식한다.

2005년 4월에 개정된 영유아교사 윤리강령은 영유아, 가족, 동료, 지역공동체와 사회 등 4가지 영역으로 나누어 제시되었다. 각 영역은 바람직한 전문적 실제를 최대한 반영한 이상(ideal)과 이상의 달성을 위한 요구, 금지 또는 허용되는 실제를 기술한 원칙(principle)들로 구성되어 있다.

(1) 영유아에 대한 윤리

영유아에 대한 교사의 윤리강령은 12개 항목의 이상과 11개 항목의 원칙으로 구성되어 있으며, 영유아의 권리 보호를 위해 가장 강조하고 있는 기본원칙은 '유아에게 해를 끼치지 않도록 하는 것'이다.

[영유아에 대한 이상]

- 유아의 보호와 교육에 관한 지식을 갖추고 지속적 교육과 훈련을 통해 유지한다.
- 현행 유아교육 및 아동발달 관련 학문 분야의 지식과 연구뿐 아니라 개별 유아에 대한 지식에 근거하여 프로그램을 실행한다.
- 개별 유아의 특성과 잠재력을 인식하고 존중한다.
- 유아의 취약성(vulnerability)과 성인에 대한 의존성을 인정한다.
- 유아의 사회 · 정서 · 인지 · 신체적 발달을 촉진시키고 유아의 존엄성과 기여를 존중하는 안전하고 건강한 환경을 구성하고 유지한다.

- 유아에게 유익할 만한 적절한 도구와 전략을 본래의 목적에 따라 사용하여 평가한다.
- 평가에 따른 정보는 유아의 발달과 학습을 이해 · 지원하고 교수를 지원하며 별도의 지원을 필요로 하는 유아를 알아내기 위해 사용한다.
- 장애유아를 포함해서 모든 유아가 개별적 요구에 적절한 통합적 환경에서 놀이하고 학습할 권리를 지원한다.
- 장애유아를 포함해서 모든 유아가 성공적 성취에 필요한 서비스를 받을 것을 옹호하고 보장한다.
- 개별 유아의 문화 · 언어 · 민족성 · 가족구조를 프로그램 내에서 인정하고 존중한다.
- 아는 언어에 의한 경험을 제공하고 모국어의 지속적 사용과 영어의 학습을 함께 지원한다.
- 기관을 옮기는 유아와 가족이 새로운 환경에 안전하고 원만하게 잘 적응하도록 돕는다.

[영유아에 대한 원칙]

- 무엇보다 유아에게 해를 끼치지 않아야 한다. 정서적 손상을 주거나 신체적 해를 끼치거나 무시 · 비하하거나 착취 또는 위협하지 않는다. 이것이 윤리강령의 가장 중요한 원칙이다.
- 각 유아의 문화 · 언어 · 민족성 · 가족구조를 지원하며 인지적으로 자극적이면서 사회적 · 정서적으로 긍정적인 환경 안에서 보호하고 교육해야 한다.
- 성, 인종, 종교적 신념, 의학적 조건, 장애, 부모의 결혼 상태나 가족구조, 성적 취향 등 어떤 이유에서든 유아를 차별하는 실제에 참여하지 않아야 한다. 이 원칙은 법적으로 특수한 유아를 대상으로 서비스를 제공하도록 위임받은 프로그램의 경우 적용되지 않는다.
- 유아에 대한 결정에 있어 민감한 정보에 대한 기밀을 유지하면서 모든 관련 지식(가족과 교사진 포함)을 활용해야 한다.
- 다면적 자료에 의한 적절한 평가체계를 마련하여 유아의 학습과 발달에 대한 정보를 제공한다.
- 유아의 입학, 유급, 특수교육 서비스 배치 등과 같은 결정 시에는 결코 단일한 검사점수나 일회성 관찰과 같은 단일평가에 근거해서는 안 되며, 다면적 정보에 근거해야 한다.
- 개별 유아의 특성에 맞는 개별화된 교수전략, 학습환경 및 교육과정을 제공하고 필요한 경우 가족과 상담 · 협력해야 한다. 그것이 불가능하거나 현재 유아의 요구에 부합되지 못하거나 다른 유아에게 심각한 피해를 줄 때에는 특수교육적 서비스를 제공받도록 협력해야 한다.
- 유아에 대한 신체적 · 성적 · 언어적 · 정서적 학대나 신체적 · 정서적 · 교육적 · 의료적 방임을 포함하는 학대와 방임의 징후와 위험요인을 숙지하고 있어야 한다. 학대와 방임으로부터 유아를 보호하는 관련 법규와 절차를 알고 따라야 한다.
- 유아학대나 방임을 의심할 만한 이유를 발견하면 해당기관에 보고하고 적절한 조치가 취해졌는지 확인해야 한다. 조치가 적절하다면 부모나 법정대리인에게 전문적 도움을 받을 곳을 소개했음을 알린다.
- 다른 사람이 유아학대나 방임에 대해 알려 주면, 그 사람을 도와 적절히 조치하도록 한다.

- 유아 건강과 안전, 안녕을 위협하는 상황을 인식할 때에는 유아를 보호하거나 부모 또는 다른 보호자에게 알릴 윤리적 책임을 진다.

(2) 가족에 대한 윤리

영유아의 가족을 지원하기 위해 교사가 지켜야 할 윤리강령은 9개 항목의 이상과 15개 항목의 원칙으로 구성되어 있다. 가족에 대한 윤리는 영유아교사의 업무를 과중하게 하거나 방해하는 상황에 의한 갈등과 구체적인 방향이 모호하여 생기는 갈등을 주로 다루고 있다. 이를 해결하기 위해 윤리강령에서는 가족과 함께 상호작용할 때 지켜야 할 원칙들을 비교적 상세하게 제시하고 있다.

[가족에 대한 이상]

- 유아의 가족과 효율적으로 협력하기 위한 지식을 갖추고 지속적 교육과 훈련을 통해 정보를 얻는다.
- 유아의 가족과 상호 신뢰의 관계를 형성하고 동반자 관계를 수립한다.
- 유아의 가족구성원을 환영하고 프로그램에 함께 참여하도록 격려한다.
- 가족의 의견을 경청하고, 가족의 강점과 역량을 키워 주며 유아의 양육을 지원하면서 가족에게 배우기도 한다.
- 유아가 속한 각 가족의 존엄성과 선호도를 존중하고 가족의 구조에 대해 배우려고 노력한다.
- 가족이 자녀를 양육하는 것의 가치를 인정하고 유아에 대해 경청할 권리를 존중한다.
- 개별 유아의 발달과 교육에 관한 정보를 가족과 공유하고 유아교육에 관련된 최신의 전문지식을 이해하고 인정하도록 지원한다.
- 가족구성원이 유아에 대한 이해를 강화하도록 지원하고 부모로서의 양육기술을 지속적으로 발달시키도록 돕는다.
- 가족이 교사진, 다른 가족, 지역사회, 기관과 전문직 서비스와 상호작용할 기회를 제공함으로써 기록을 위한 지원 네트워크 구성에 참여한다.

[가족에 대한 원칙]

- 법정의 명령이나 법적인 규정에 의한 경우가 아니고는 가족들에게 교실이나 프로그램 환경을 개방해야 한다.
- 우리는 가족에게 프로그램의 철학 · 정책 · 교육과정 · 평가체제 그리고 교사진의 자격에 대한 정보를 제공하고 왜 그렇게 가르쳐야 하는지를, 즉 유아에 대한 윤리적 책임에 의거하여 가르치는 것임을 설명해야 한다.
- 가족에게 유아를 위한 정책결정에 참여해야 하며 언제가 적절한 때인지에 대해 정보를 제공해야 한다.
- 가족을 유아에게 영향을 미치는 중요한 의사결정에 참여시켜야 한다.
- 기족이 그들이 이해하는 언어를 사용하여 효율적으로 의사소통하기 위해 모든 노력을 해야 한다. 만약 자체적으로 어렵다면 해석과 통역을 위한 지역사회 내 자원을 이용해야 한다.
- 가족이 가족에 대한 정보를 우리와 공유하는 것처럼 우리는 프로그램의 계획과 실행에 대한 정보를 가족과 공유해야 한다.
- 가족에게 프로그램에서의 유아평가의 목적과 성격에 대해 그리고 유아에 대한 자료가 어떻게 사용될지에 대한 정보를 제공해야 한다.
- 유아의 평가 정보를 신중하게 다루어야 하며 오로지 법적으로 타당한 요구 시에만 정보를 공유해야 한다.
- 우리는 유아의 상해와 사고 또는 전염병 감염 가능성에 대한 노출과 같은 위험 그리고 심리적 스트레스를 가져올 수 있는 경우에 대한 정보를 가족에게 제공해야 한다.
- 가정은 그들의 유아가 포함되는 어떠한 연구 프로젝트에 대해서도 완전하게 정보를 제공받아야 하며 유아의 참여 여부를 결정할 기회를 제공해야 한다. 우리는 유아의 교육 발달 또는 안녕에 지장을 주는 어떠한 연구도 허락하거나 참여해서는 안 된다.
- 가족을 착취하거나 이를 지원하지 않아야 한다. 가족의 관계를 이용해 사적인 혜택이나 이득을 취하지 않으며 유아를 위한 직무의 효율성에 손상을 줄 수 있는 관계를 맺지 않는다.
- 우리는 유아의 기록에 대한 비밀 유지와 노출에 대한 정책을 문서화해야 한다. 이 문서는 프로그램의 모든 교사진과 가족이 접근 가능해야 한다. 비밀 보호의 의무를 가진 가족의 구성원, 프로그램의 참여자나 상담자 이외의 사람에게 유아의 기록을 개방할 경우, 가족의 동의를 얻어야 한다.(아동이 학대나 방임 당하는 경우는 예외이다.)
- 비밀 유지를 보장하고 가족의 프라이버시에 대한 권리를 존중하며 비밀 정보를 누출하거나 가족생활을 침해하지 않아야 한다. 다만, 유아의 안녕이 위협받는다고 믿을 만한 이유가 있을 때에는 개입의 법적 책임을 가진 사람이나 해당기관과는 이러한 사적인 정보의 공유가 허용된다.
- 가족구성원 간의 갈등이 있을 경우, 개방적으로 유아에 대한 관찰결과를 공유하면서 결정할 수 있도록 도와야 한다. 이때 우리는 어느 한쪽만을 두둔하는 일은 피해야 한다.
- 가족을 위한 지역사회 자원이나 전문적 지원서비스를 잘 알고 소개해 줄 수 있어야 한다. 다른 기관을 소개한 후에는 서비스가 적절히 제공되는지 지속적으로 확인해야 한다.

(3) 동료에 대한 윤리

동료에 대한 윤리강령은 10개 항목의 이상과 18개 항목의 원칙으로 구성되어 있다. 동료에 대한 윤리는 동료 간에, 교사진으로서 기관장에 대해, 기관장으로서 교사진에 대해 지켜야 할 내용으로 구분되어 있다. 동료에 대한 윤리강령에서는 핵심가치에 기초하여 생산적인 일을 지원하고 전문적 요구에 적절한 관계와 환경을 구성·유지하는 책임을 중시하고 있다.

[동료에 대한 이상: 동료교사에 대한 책임]

- 동료교사에 대해 상호 존중과 신뢰, 비밀 보장과 협동, 협력의 관계를 수립·유지한다.
- 지원을 공유하며 최상의 유아 보호와 교육 프로그램을 제공하기 위해 협동한다.
- 동료교사가 전문적 요구에 맞추어 전문성을 발달시키도록 지원한다.
- 동료교사의 전문적 성취에 대해 인정해 준다.

[동료에 대한 원칙: 교사에 대한 책임]

- 프로그램에 대한 동료교사의 기여를 인식하고 유아와 가족과의 업무에서 그들의 효율성을 감소시키거나 명성을 손상시키지 않아야 한다.
- 동료교사의 전문적 행동에 대하여 걱정될 때, 먼저 개인적 존엄함과 다양성에 대해 존중하는 방식으로 걱정을 알리고 신뢰로운 방식으로 걱정을 알리고 신뢰로운 방식으로 합의하에 문제를 해결하도록 노력해야 한다.
- 동료교사의 개인적 자질이나 전문적 업무수행에 대한 견해 표현에 있어 주의를 기울여야 한다. 전해들은 바가 아니라 직접적인 지식에 근거해서 유아와 프로그램의 향상과 관련지어 언급해야 한다.
- 성, 인종, 국적, 종교적 신념이나 여타의 소속, 연령, 혼인 상태, 가족구조, 장애 또는 성적 취향으로 인하여 동료교사를 차별 대우하지 않아야 한다.

[동료에 대한 이상: 기관장에 대한 책임]

- 질 높은 서비스를 제공하기 위하여 프로그램을 지원한다.
- 기관이 아동을 보호하도록 설정된 법이나 규정 또는 윤리규정을 어기지 않는 한 기관의 평판을 손상할 어떤 일도 행하지 않아야 한다.

[동료에 대한 원칙: 기관장에 대한 책임]

- 기관의 모든 규정을 따라야 한다. 프로그램의 규정에 동의하지 않을 때에는 조직 안에서의 공식적인 방법을 통해 가져오도록 시도해야 한다.
- 권한을 인정받았을 때에만 조직을 대표하여 행동하고 말해야 한다. 조직에 대해 이야기하거나 개인적 판단을 표현할 때 신중해야 한다.
- 아동을 보호하기 위해 고안된 법이나 규정을 어기지 않으며 위반 시에는 이 윤리강령에 따라 적절한 행동을 취해야 한다.
- 동료교사의 행동에 문제가 있다고 느낄 때, 유아의 안녕이 위험에 처하지 않았을 때에는 문제에 대해 동료에게 언급할 수 있다. 만약에 유아가 위험에 처하거나 동료교사에게 문제점을 지적한 후에도 상황이 개선되지 않는다면 동료의 비윤리적이거나 무능력한 행동을 주임교사나 기관장 등을 적절한 상사에게 보고해야 한다.
- 프로그램의 보호와 교육의 질에 영향을 주는 환경이나 조건에 대하여 문제가 있다고 느낄 때는 주임교사나 기관장 등 적절한 상사에게 알려야 한다.

[동료에 대한 이상: 교직원의 책임]

- 교직원 사이에 상호 존중, 협력, 협동, 효능감, 안녕, 비밀 유지 그리고 자아존중감을 증진하는 건강하고 안전한 근무조건과 규정을 제공한다.
- 교사들이 유아와 가족 그리고 유아 보호와 교육 분야의 이익을 위해 말하고 행동할 수 있는 신뢰롭고 솔직한 분위기를 만들고 유지한다.
- 유아를 대변하거나 함께 일하는 사람에게 적합하고 공평한 보상(급여와 처우)을 보장하도록 노력한다.
- 숙련되고 지식이 풍부한 교사가 될 수 있도록 교사진의 지속적인 발달을 격려하고 지원한다.

[동료에 대한 원칙: 교직원의 책임]

- 유아와 프로그램에 관련된 결정에 있어 교직원의 교육 · 훈련 · 경험 그리고 전문지식을 이용해야 한다.
- 교직원에게 안전하고 지원적인 근무조건을 제공해야 한다. 즉, 신뢰를 존중하며 공정한 수행평가, 문서화된 소청과정, 건설적인 피드백 그리고 지속적인 전문성 발달과 진보를 위한 기회 등을 통해 교사진이 책임을 수행하도록 허용하는 조건을 제공해야 한다.
- 프로그램의 표준을 규정한 포괄적인 문서화된 인사관리기준을 개발해야 한다. 이러한 기준을 새로운 교직원에게 제공하고, 모든 교직원에게도 공지하여 쉽게 살펴볼 수 있게 해야 한다.
- 직무수행이 프로그램의 기준에 미치지 못하는 교사진에게는 문제점을 알려주고 가능하면 수행능력이 향상될 수 있도록 지원해야 한다.

- 교사진의 해고는 모든 적용 가능한 법과 규정에 따라서만 이루어져야 한다. 우리는 해고당하는 교사에게 면직 이유에 대한 정보를 제공하고 해고의 이유를 피고용인에게 알려 주기에 적합하도록 정확하게 문서화해야 한다. 즉, 해고의 결정 원인인 피고용자의 부적절한 부적응의 행동에 대한 기록이 있어야 한다.
- 교사진에 대한 평가와 권고를 할 시에는 유아와 프로그램의 이해에 관련하여 사실에 기초하여 판정해야 한다.
- 교직원의 채용, 근속, 해고 그리고 승진의 결정은 오직 교사 개인의 능력, 성과기록, 직무수행능력과 유아의 발달 수준에 적합한 특별한 전문적 준비 등에 의해서만 판단한다.
- 교직원의 채용, 근속, 해고 그리고 승진의 결정은 교사의 성, 인종, 국가, 종교적 신념 또는 여타의 소속, 연령, 혼인 상태, 가족구조, 장애 또는 성적 취향 등에 기초하지 않아야 한다. 고용 차별과 관련된 법과 규정을 숙지해야 한다(이 원리는 위에서 제시된 하나 또는 그 이상의 항목에 기초하여 적절성을 결정하는 법적 권한을 가진 프로그램에는 적용되지 않는다).
- 피고용인인 교사진의 직무수행과 관련된 이슈를 다룸에 있어서 비밀을 유지하고, 사적인 문제와 사생활에 대한 권리를 존중하여야 한다.

(4) 지역공동체와 사회에 대한 윤리

지역공동체와 사회에 대한 윤리 책임은 가족의 다양한 요구에 적합한 프로그램을 제공하고 유아를 위한 책임을 공유할 전문가 및 기관과 협력하고, 이러한 기관을 활용하도록 가족을 지원하는 것이다. 또한, 전문가들과 연합하여 현재는 없지만 필요한 지역사회 프로그램의 발달을 지원하는 것이다.

여기에서는 유아교사 개인으로서의 이상과 원칙, 유아의 이익을 대변하는 집합적 목소리를 내는 공동체로서의 이상과 원칙으로 구분하여 8개 항목의 이상과 13개 항목의 원칙을 제시하고 있다.

[지역공동체와 사회에 대한 이상: 개인적 측면]

- 지역사회에 질 높은 유아 보호나 교육 프로그램과 서비스를 제공한다.

[지역공동체와 사회에 대한 원칙: 개인적 측면]

- 제공하는 서비스의 성격과 범위에 대하여 개방적으로 진실하게 의사소통해야 한다.
- 개인적으로 적합하고 전문적 자격을 갖춘 직위에서 적응하고 수용하고 일해야 한다. 능력이나 자격이 되지 않거나 지원이 없는 서비스는 제공하지 않아야 한다.
- 신중하게 자료를 체크하여 그의 능력 · 자격 또는 인성이 그 직위에 부적절한 어떤 사람도 채용하지 않아야 하며 채용을 권하지도 않아야 한다.
- 프로그램 실제의 기반이 된 지식을 객관적이고 정확하게 기술해야 한다.
- 평가전략 및 도구의 적절한 사용에 대한 지식을 갖추고 가족에게 그 결과에 대해 해석을 제공해야 한다.
- 프로그램 내에서 아동을 보호하는 법과 규정을 숙지하고 이러한 법과 규정을 철저히 지키도록 해야 한다.
- 아동의 건강 · 안전 그리고 안녕을 위협하는 실제나 상황을 인식하게 된 때는 아동을 보호하거나 보호할 수 있는 부모나 사람에게 알려야 하는 윤리적 책임을 갖는다.
- 프로그램 내에서 아동을 보호하는 법과 규정을 위반하는 실제에 참여해서는 안 된다.
- 유아교육 프로그램이 아동을 보호할 법과 규정을 위반하는 증거가 있을 때는 그 상황의 교정을 기대할 수 있는 적합한 상사에게 그 위반 사실을 보고해야 한다.
- 어떤 프로그램이 이 윤리를 직접 위반하거나 담당교사에게 위반을 요구할 때는 그에 관한 증거를 공정하게 평가한 후 관계기관에 알린다.

[지역공동체와 사회에 대한 이상: 공동체 측면]

- 유아, 그들의 가족 그리고 유아교육자의 건강 · 교육 그리고 안녕에 있어서 논의되는 이슈와 관련된 전문가와 기관 간의 협력과 다학문적 협력을 증진시킨다.
- 교육과 연구 그리고 직장을 통해 모든 아동이 건강관리, 음식, 쉴 곳을 제공받을 수 있는 환경적으로 안전한 세상에서 양육되고, 가정과 지역사회에서 폭력으로부터 자유롭게 살 수 있도록 노력한다.
- 교육, 연구 그리고 주장을 통해 모든 영유아가 질 높은 보호와 교육 프로그램에 접근할 수 있는 사회를 지향한다.
- 다면적 정보를 포함하는 적절한 평가체계가 유아에게 유익한 목적으로 사용되도록 한다.
- 유아와 그들의 요구에 대한 지식과 이해를 촉진한다. 아동권리에 대한 더 큰 사회적 인정과 모든 아동의 안녕을 위한 책임에 대한 더 큰 사회적 수용을 위해 노력한다.
- 아동과 가정의 안녕을 촉진하는 정책과 법을 지지하고 안녕을 손상시키는 정책과 법의 변화를 위해 노력한다. 필요한 법과 정책의 개발에 참여하고 이러한 노력에 있어 다른 개인 및 집단과 협력한다.

- 영유아의 보호와 교육 영역에서 전문적으로 성장해 나가고 윤리강령에 반영된 핵심가치를 현실화하기 위한 의무를 강화한다.

[지역공동체와 사회에 대한 원칙: 공동체 측면]

- 정책이 아동을 이롭지 못한 목적을 위해 실행될 때는 이러한 실제를 바꾸기 위한 노력에 공동체의 책임을 져야 한다.
- 아동의 안녕을 보장하기 위해 서비스를 제공하는 기관이 그 의무수행에 실패하고 있다는 증거가 있을 때에는 적절한 상급기관 또는 대중에게 그 문제를 알릴 공동의 윤리적 책임을 인정해야 한다. 또한, 그 문제가 해결될 때까지 지속적으로 철저히 주시해야 한다.
- 아동보호기관이 학대나 방임당한 아동에게 적절한 보호를 제공하는 데 실패할 때에는 이러한 서비스 개선을 위해 노력할 공동의 윤리적 책임을 인정해야 한다.

선서문

영유아의 교사로서 나는 NAEYC 윤리강령의 이상과 원칙에 반영되어 있는 유아교육의 가치를 실현시키는 데 전념하겠습니다. 나는 최선을 다해 마음을 지키겠습니다.

- 결코 아동에게 해를 끼치지 않는다.
- 영유아를 위한 프로그램이 아동발달과 유아교육에 대한 최신의 지식과 연구에 근거하도록 한다.
- 가족의 영유아 양육과업을 존중하고 지원한다.
- 동료들을 존중하며 그들이 NAEYC 윤리강령을 준수하도록 지원한다.
- 지역공동체와 사회에서 아동과 가족 그리고 교사를 옹호하는 역할을 수행한다.
- 전문적 행위의 높은 기준을 숙지하고 유지한다.
- 개인적 성격과 편견, 신념이 아동과 가족에게 영향을 미침을 인식하면서 지속적으로 자기반성의 과정을 갖는다.
- 새로운 아이디어에 개방적이며 타인의 제언으로부터 기꺼이 배운다.
- 전문가로서 지속적으로 학습하고 성정하며 기여한다.
- NAEYC 윤리강령의 이상과 원칙을 존중한다.

3 교직윤리의 중요성

교원은 전문직으로서 한 개인의 일생에 막대한 영향을 미치며, 국가·사회의 미래에 지대한 영향을 주는 것은 물론, 시민의 도덕적 성품과 자질 형성에 중요한 역할을 담당한다. 이 같은 역할로 교원은 다른 직종의 사람들보다도 높은 도덕관과 표준적 윤리관을 필요로 한다. 교원의 행동에 대하여 윤리성이 강조되는 이유는 다음과 같다(한국교원단체총연합회, 1997).

- 교직이 한 인간의 인간 형성을 돕는 직종이며, 국가 사회의 장래를 좌우하는 국민의 질을 결정하기 때문이다. 한 개인의 건전한 성장과 바람직한 발달을 돕기 위해 교원윤리가 뒷받침되어야 한다. 한 개인의 윤리적 품격은 교원의 질에 달려 있다고 해도 지나치지 않을 것이다.
- 교직이 전문직이기 때문에 교원의 실천 또는 행동규범으로서의 윤리규정을 필요로 한다. 전문직을 구성하는 요건 중의 하나는 그 직능을 수행하는 데 필수적으로 갖추어야 할 직업윤리규정이 있다는 점이다. 의사, 법조인 등과 같은 전문직에 종사하는 직업군은 그것이 전문직이기 때문에 법규의 규정 외에도 직무수행에 관한 윤리강령을 제정하여 그 직에 속하는 모든 구성원들에게 그것을 준수하도록 요구하고 있다. 교직도 전문직이므로 교원의 실천도덕 또는 행동규범으로서 윤리규정을 필요로 한다.
- 교원이 강력한 교육력을 갖기 위해서는 교직윤리가 필요하다. 교육의 성과가 교육력에 의하여 좌우되고 교육력은 교권의 수준과 깊은 관계가 있으므로 교권이 확립되지 못할 때는 교육력이 약화되어 높은 수준의 교육성과를 기대할 수가 없다. 교권의 확립은 교직윤리가 확립되어야만 가능하다.

- 생활지도의 효과를 높이기 위하여 교직윤리가 강조된다. 교사의 윤리·도덕성은 한 개인의 도덕적·윤리적인 성장과 발달에 중요한 영향을 미친다. 프로이트(Freud) 등 여러 심리학자들은 주요 인간적 환경인 부모와 교사의 인간성이 아동의 인격 형성에 매우 중요한 영향을 준다고 강조했다.
- 산업화 혹은 탈산업화사회의 도덕과 윤리 재건을 위해 윤리가 강조된다. 오늘날의 사회는 물질지향적인 사회이기 때문에 윤리·도덕적으로 타락하였다. 따라서 인간으로서의 삶의 정신, 사람으로서의 도리를 찾는 교육이 시급하다. 이를 위해서는 교원들이 확고한 윤리관을 확립해야 한다.

생각의 나무

1. 영유아교직의 특성에 대하여 개념을 정리하고 설명해 봅시다.

2. 네 가지 교직관의 개념을 정의하고 설명해 봅시다.

3. 영유아교사로서의 유치원교사헌장 및 강령, 어린이집 윤리강령의 개념을 이해하고 교직의 중요성에 대하여 토론해 봅시다.

CHAPTER 03

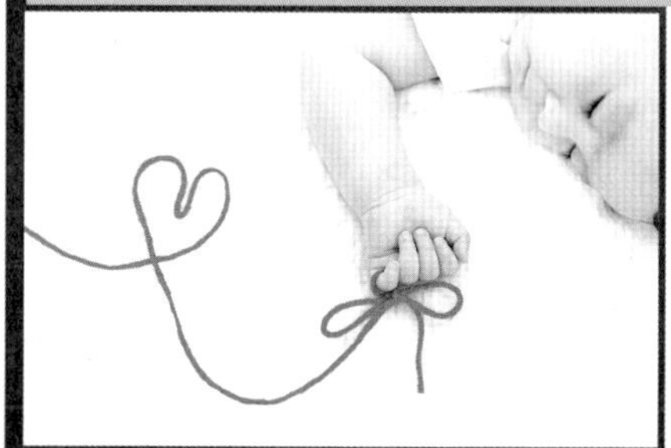

영유아교사의 권리와 의무

• 학습개요 •

흔히 교사는 약자의 입장에 있다고 말한다. 그것은 교사의 권리와 의무가 제대로 지켜지지 않는 원인으로도 볼 수 있다. 교사의 가장 중요한 권리 중의 하나는 자율적인 교수권이다. 자율성을 갖고 영유아들을 가르치며 교육할 권리이다. 이는 권리임과 동시에 적극적인 의미이기도 하다. 그 어떤 권리와 법적 보장도 교사의 권위와 자율성을 대신할 수는 없다. 이는 교사의 존재적 가치를 결정하는 것이다. 교사의 권리와 의무를 다하는 교사는 자율권을 갖게 되고 강자의 위치에 설 수 있다. 왜냐하면 교사의 권리와 의무는 교사 자신을 지켜주는 권리장전이기 때문이다. 교실을 활기찬 배움의 장으로 만들며 스스로 교사의 권위와 자율성을 지키려고 할 때 교사의 법적 권리와 의무는 당연히 보장될 것이다. 이 장에서는 영유아교사의 권리와 의무, 복무와 처우에 대하여 알아보고자 한다. 이 장의 학습목표는 다음과 같다.

• 학습목표 •

1. 영유아교사의 권리에 대하여 설명할 수 있다.
2. 영유아교사의 의무와 책무에 대하여 설명할 수 있다.
3. 영유아교사의 복무와 처우에 대하여 이해할 수 있다.

1 영유아교사의 권리

영유아교사는 기본적으로 자율성을 가지고 교육할 수 있는 권리를 가진다. 이를 교권이라고도 한다. 교권이란 교사가 갖는 교사로서의 권리나 권위이다. 교권은 교사들이 자신에게 주어진 국가적 기능을 수행하는 데 있어서 일정 기간의 훈련을 통해 획득한 지식·능력·기술의 소유자로서 권위를 인정받고, 부여된 사회적 책임과 임무를 이행하는 데 있어서 부당한 간섭이나 침해로부터 자신을 보호하고 나아가 그 전문직에서의 안정된 생활과 최대한의 능률을 다하기 위한 신분상의 보장을 받을 수 있는 조건을 주장할 수 있는 권리이다(염지숙 외, 2016). 즉, 교권이란 교사가 교육을 잘 수행하기 위해 기본적으로 보호받고 존중받아야 하는 직업적 권위와 권리로, 영유아교사의 권리는 교원이 전문직으로 직무를 원만히 수행할 수 있도록 '법이 인정하는 힘'을 의미한다(권건일·신재흡, 2006).

교사의 권리는 전문적 교육활동에 전념할 수 있는 교육 여건 조성에 관련된 적극적 권리와 신분 보장, 교권침해 방지 등 법적·제도적 측면의 소극적인 권리로 구분된다(김진한, 2009).

1) 적극적 권리

(1) 자율권

모든 전문직은 전문성과 관련된 활동에서 자율성과 권위를 가진다. 영유아교사 또한 법령이 정하는 바에 따라 영유아를 자율적으로 교육할 권리를 갖는다. 교사의 자율권은 영유아의 학습권을 보장하기 위한 직무상의 가장 기본적이고 본질적인 권리이다. 사회는 교사들이 전문성을 자율적으로 발휘할 수 있도록 제반 여건을 조성해 주고, 그에 따르는 사회적 책임을 질 수 있도록 하고 있다.

교원의 지위 향상 및 교육활동 보호를 위한 특별법 제12조(교섭 · 협의사항)에 의하면 '교섭 · 협의는 교원의 처우 개선, 근무조건 및 복지후생과 전문성 신장에 관한 사항을 그 대상으로 한다. 다만, 교육과정과 교육기관 및 교육행정기관의 관리 · 운영에 관한 사항은 교섭 · 협의 대상이 될 수 없다'고 명시하여 교사의 자율권을 법으로 보장하고 있다.

따라서 교사는 교육의 전문가로서 그 직무를 수행하는 데 따르는 권위와 자율성이 보장될 수 있는 여건이 조성되어야 하고, 이 여건의 대부분은 교수 및 연구 활동의 자유와 관련된 것으로, 기관에서도 자율성 보장 및 전문적 발달 지원을 위한 노력이 이루어져야 한다.

(2) 사회적 지위와 경제적 생활보장권

영유아교사는 안정된 경제적 기반 위에서 가르치는 일에 몰두할 수 있도록 사회적 지위와 경제적 여건을 제공받아야 한다. 이는 안정적인 교육의 수행을 위해, 그리고 우수한 교사를 유인하기 위해 사회적으로 보장되어야 할 기본적인 권리다. 교육기본법 제14조 1항의 '교원의 경제적 · 사회적 지위는 우대되고 그 신분은 보장되어야 한다'는 규정과 교육공무원법 제34조 1항(보수결정의 원칙)에 '교육공무원의 보수는 우대되어야 한다'고 명시된 규정은 자위권에 약한 교원에 대해서 타 직종보다 우대를 받도록 국가 · 사회가 특별하게 배려한 것이라고 할 수 있다. 그러므로 영유아교사는 공무원 보수규정과 수당 규정에 준해서 월급과 그 외의 특별수당, 연금수당, 교직수당 등을 지급받을 권리가 있다.

(3) 근로권

근로권은 근무조건의 개선, 복지후생제도의 확충 등을 통해 영유아교사가 교육활동과 보육활동에 전념할 수 있도록 보장하는 권리이다. 예를 들면, 교육활동을 효율적으로 수행할 수 있도록 근무 조건을 개선하는 것은 교원의 교육적 권리인 것이다. 헌법 제33조 1항에서는 '근로자는 근로조건의 향상을 위하여 자주적인 단결권·단체교섭권·단체행동권을 가진다'고 명시하고 있다. 교사가 교육활동에 전념할 수 있도록 보장받아야 할 권리 중의 하나가 근무 조건의 개선인 것이다. 전문직인 교직의 경우 교육의 효과와 능률을 높이기 위해서는 적정량의 근무 조건과 쾌적한 근무 환경, 적절한 수업활동 등이 주어져야 한다. OECD 회원국임에도 아직 영유아교사들이 담당하고 있는 평균 이상의 과중한 원아 수 부담과 수업 부담, 잡무 과다 등은 개선되어야 할 근무 여건이다.

또 영유아교사들의 근무 의욕을 높이고 사기를 높이는 중요한 요인 중 하나는 교사의 복지·후생제도이다. 복지·후생제도의 확충은 교사들의 생활을 안정시키고 가족부양에 대한 책임을 덜어 줌으로써 교원들이 교육활동에 전념할 수 있도록 할 수 있다. 따라서 영유아교사들의 근무조건의 개선 및 복지후생제도의 확충 등을 위해 국가, 사회 및 기관에서는 심혈을 기울일 필요가 있다.

2) 소극적 권리

(1) 신분보장권

모든 교원은 국가공무원법(제68~74조)에서와 같이 신분보장은 물론이고 교육공무원법에 따라서 더 강력한 신분보장의 권리를 인정받고 있다. 교육기본법 제14조(교원)에서는 '교원의 경제적 · 사회적 지위는 우대되고 그 신분은 보장된다'고 밝히고 있고, 교육공무원법 제7장에서도 교육공무원의 의사에 반한 신분조치를 금지하고, 직권휴직, 정년퇴직 등 신분조치의 법적인 한계와 처분사유 설명서의 교부 및 절차를 명시하고 있다. 또한 권고사직 금지, 불체포 특권 등의 규정에서처럼 일반 공무원보다 더 강력한 신분 보장을 규정하고 있는데, 이것은 교직의 전문성과 특수성을 인정하는 법 제도의 하나라고 말할 수 있다. 따라서 부당한 해고로부터 영유아교사를 보호함으로써 사회적 신분의 불안정으로 인해 발생할 수 있는 사회적 손실을 예방하고 안정된 직무수행을 위한 필요한 권리가 지켜져야 한다.

(2) 쟁송제기권

교육공무원은 법에 어긋나는 부당한 처분을 받았을 때는 소청, 기타 행정상 쟁송제기권을 가질 수 있다. 소청은 징계처분에 대하여 재심을 청구할 수 있는 제도인데, 징계처분권자가 징계위원회의 의결이 가볍다고 볼 때 재심을 청구하는 경우와 징계처분 대상자가 징계위원회의 의결이 너무 과중하다고 느낄 때 이에 불복하고 재심을 청구하는 두 가지 경우가 있다.

(3) 불체포 특권

교육공무원법 제48조와 사립학교법 제60조에서 '교원은 현행범인 경우를 제외하고는 소속 학교장의 동의 없이 학원 안에서 체포되지 아니한다'고 명시되어 있다. 이러한 교원의 불체포특권은 국회의원과 선거관리위원회의 위원 외의 여타 공무원에게는 인정되지 않는 권리이다. 교원에게 이러한 특권을 인정하는 것은 학원의 자유를 보장하고 교원으로 하여금 교육 및 연구 활동을 수행할 때 권력기관의 부당한 압력을 배제하려는 데 그 목적이 있다.

(4) 교원단체활동권

교원은 교원의 권리를 확보하고 교원으로서의 직업을 효과적으로 수행하기 위한 단체 활동의 권리를 교육기본법 제15조(교원단체)에서 규정하고 있다. 다시 말해서, 교원들은 지방자치단체 및 중앙에 교원단체를 조직하고 적극적 운영을 통하여 교원 간에 상호 협력하고 교육의 진흥과 문화의 창건에 진력하며 경제적·사회적 지위를 향상시키기 위한 지속적 활동을 할 수 있다. 또한 교원은 교원의 노동조합 설립 및 운영 등에 관한 법률에 의해 노동조합을 설립할 수 있으며, 동법 제4조의 노동조합을 통해 교섭 및 체결권한 등을 가질 수 있다. 다만, 동법 제6조에 의한 극단적인 파업과 쟁위 활동은 금지되고 있으며, 동법 제8조에 의거 정치활동을 목적으로 하는 정치단체 또는 정당 가입은 금지하고 있다.

2 영유아교사의 의무

교원은 직무를 성실하게 수행해야 할 적극적인 측면의 의무와 교원으로서 하지 말아야 할 소극적 측면의 금지 의무가 있다. 적극적 의무는 교원 본연의 교육과 연구 활동을 비롯하여 공직을 수행하는 복무상의 의무이며, 소극적 의무는 교육과 연구 활동 외의 정치활동 금지 등의 의무를 말한다. 이를 구체적으로 살펴보면 다음과 같다.

1) 적극적 의무

(1) 교육과 연구활동의 의무

교원의 가장 적극적인 의무는 교사로서의 자질을 갖추는 것이다. 교원의 자질을 갖추기 위해서는 우선 학문 연찬을 위한 교육과 연구 활동의 의무를 수행해야 한다. 교육기본법 및 교육공무원법상에 명시된 교원의 의무는 학문의 연찬과 교육의 원리 방법을 탐구 연마하여 교육에 전심전력하는 일이다. 아울러 교원으로서 사표가 될 인격과 품성을 갖추기 위해 최선의 노력을 기울여야 한다.

(2) 선서, 성실, 복종의 의무

교육공무원은 교원의 복무에 관한 사항을 동법에 별도로 규정하지 않고 국가공무원법을 준용하도록 하고 있다. 따라서 교육공무원은 국가공무원법에 규정된 공무원의 모든 의무를 이행해야 한다. 국가공무원법은 공무원의 의무를 성실하게 수행할 것을 선서하는 선서의 의무(국가공무원법 제55조), 주어진 업무를 적극적으로 수행할 성실의 의무(국가공무원법 제56조), 정당한 상관의 명령에 복종할 복종의 의무(국가공무원법 제57조) 등을 규정하고 있다. 교원도 이러한 공무원의 의무를 공직자로서 지켜야 한다.

(3) 품위유지의 의무

교원은 공사립의 구분 없이 교육에 종사하는 공직자이며 동시에 국민에 대한 봉사자로서 직무의 내외를 불문하고 그 역할에 적합한 품위를 유지해야 할 의무가 있다(국가공무원법 제63조). 또한 공무를 집행하는 자의 적극적인 봉사자로서 친절하고 공정하게 집무해야 할 의무가 있다고 명시되어 있다(국가공무원법 제59조). 그 밖에도 공무원은 직무상의 관계 여하를 불문하고 그 소속 상관에게 증여하거나 소속 공무원으로부터 증여를 받아서는 안 된다고 규정하고 있다(국가공무원법 제61조). 이러한 공무원의 품위유지를 위한 의무조항은 교원의 품위유지에도 동일하게 적용되는 조항이며 오히려 교원은 이러한 법적 품위유지는 물론이고 교원이라는 직업상의 특별한 품위유지를 위해 남다른 노력을 기울여야 할 필요가 있다.

(4) 비밀 엄수의 의무

공무원은 재직 중은 물론 퇴직 후에도 직무상 알게 된 비밀을 엄수하여야 한다(국가공무원법 제60조). 이러한 비밀 엄수의 의무를 위반할 경우 징계의 사유가 될 뿐만 아니라 형법상의 범죄를 구성한다. 교원은 학교정책적인 측면의 중대한 기밀을 다루거나 국가적인 문제를 야기 시킬 비밀을 접할 기회는 없다. 그러나 교원이 가지는 공무상의 비밀은 그 정도가 크고 작고의 구별에 관계없이 직무상의 비밀을 지켜야 할 의무가 있다. 특히, 학생과 관련된 개인적인 신상의 비밀과 교육적 측면에서 지켜야 할 비밀은 평생을 두고 지켜야 할 의무가 있다.

2) 소극적 의무

(1) 정치활동 금지의 의무

공무원의 신분과 정치적 중립성은 헌법에 보장되어 있고, 이와 관련하여 공무원의 정치활동 금지 및 정치적 행위의 범위를 규정하고 있다. 공무원의 정치적 중립성을 보장하는 것은 직업공무원제의 확립에 따라 행정기술의 향상과 능률을 기함과 아울러 국민 전체의 봉사자로서 공평성을 유지하며, 정권 교체에 따른 행정의 혼란을 억제하고 지속성을 유지하는 데 그 목적이 있다. 교육공무원도 일반직 공무원과 마찬가지로 정치활동에 대하여 중립을 지킬 것을 요구하고 있다.

(2) 집단행위 금지의 의무

공무원은 노동운동, 기타 공무 이외의 일을 위한 집단행위를 해서는 안 된다고 규정하고 있다(국가공무원법 第66조). 이 조항은 공무원인 근로자는 법률이 정하는 자에 한하여 ① 단결권 · ② 단체교섭권 · ③ 단체행동권을 가진다고 규정한 헌법 제33조에 근거를 두고 있다. 그러나 교육공무원의 경우는 부분적으로 노동운동을 인정받고 있다. 교원들에게는 단체행동권을 제외한 단결권과 단체교섭권을 보장해 주고 있는데, '교원의 노동조합 설립 및 운영 등에 관한 법률'에 의거하여 설립된 교원단체는 교원지위 향상을 위한 특별법의 규정에 따라 교섭 · 협의의 권한을 부여받고 있다.

(3) 영리업무 및 겸직의 금지

공무원은 공무 이외의 영리를 목적으로 하는 사업에 종사하지 못하며 소속기관장의 허가 없이 다른 직무를 겸할 수 없다고 규정하고 있다(국가공무원법 第64조). 이것은 모든 국민의 자유와 권리는 국가의 안전보장, 질서유지 또는 공공복리를 위하여 필요한 경우는 법률로써 제한할 수 있다는 헌법 조항(헌법 제37조)에 근거를 두고 있다. 교원 역시 동일한 규제를 받지 않을 수 없다.

3 영유아교사의 권리와 의무 관련 법규

1) 유치원교사

유치원교사의 법적 지위에 의한 권리와 의무를 보장하는 법은 헌법, 교육기본법, 국가공무원법, 교육공무원법, 사립학교법, 교권의 지위 향상 및 교육활동 보호를 위한 특별법 등이 있다. 그리고 유치원교사의 자격, 임용, 보수, 연수 등과 관련된 구체적인 내용은 유아교육법에 따라 적용받고 있다. 유치원교사의 권리와 의무를 보장하고 있는 법률적 근거를 제시하면 표 3.1과 같다.

표 3.1 유치원교사의 권리와 의무(법률적 근거)

구분	내용
헌법	제7조 ② 공무원의 신분과 정치적 중립성은 법률이 정하는 바에 의하여 보장된다. 제31조 제6항(교원지위의 법률주의) - 학교교육 및 평생교육을 포함한 교육제도의 그 운영, 교육재정 및 교원의 지위에 관한 기본적인 사항은 법률로 정한다.
교육기본법	제14조(교원) ① 학교교육에서 교원의 전문성은 존중되며, 교원의 경제적 · 사회적 지위는 우대되고 그 신분은 보장된다. ② 교원은 교육자로서 갖추어야 할 품성과 자질을 향상시키기 위하여 노력하여야 한다. ③ 교원은 교육자로서의 윤리의식을 확립하고, 이를 바탕으로 학생에게 학습윤리를 지도하고 지식을 습득하게 하며, 학생 개개인의 적성을 개발할 수 있도록 노력하여야 한다. ④ 교원은 특정한 정당이나 정파를 지지하거나 반대하기 위하여 학생을 지도하거나 선동하여서는 아니 된다. ⑤ 교원은 법률로 정하는 바에 따라 다른 공직에 취임할 수 있다. ⑥ 교원의 임용 · 복무 · 보수 및 연금 등에 관하여 필요한 사항은 따로 법률로 정한다.
국가공무원법	제56조(성실의 의무) - 모든 공무원은 법령을 준수하며 성실히 직무를 수행하여야 한다. 제57조(복종의 의무) - 공무원은 직무를 수행할 때 소속 상관의 직무상명령에 복종하여야 한다. 제58조(직장 이탈 금지) - 공무원은 소속 상관의 허가 또는 정당한 사유가 없으면 직장을 이탈하지 못한다.

(계 속)

구분	내용
국가공무원법	第59조(친절 · 공정의 의무) ① 공무원은 국민 전체의 봉사자로서 친절하고 공정하게 직무를 수행하여야 한다. 第59조의 2(종교 중립의 의무) ① 공무원은 종교에 따른 차별 없이 직무를 수행하여야 한다. 第60조(비밀엄수의 의무) 공무원은 재직 중은 물론 퇴직 후에도 직무상 알게 된 비밀을 엄수해야 한다. 第61조(청렴의 의무) ① 공무원은 직무와 관련하여 직접적이든 간접적이든 사례 · 증여 또는 향응을 주거나 받을 수 없다. ② 공무원은 직무상의 관계가 있든 없든 그 소속 상관에게 증여하거나 소속 공무원으로부터 증여를 받아서는 아니 된다. 第63조(품위 유지의 의무) 공무원은 직무의 내외를 불문하고 그 품위가 손상되는 행위를 하여서는 아니 된다. 第64조(영리 업무 및 겸직 금지) ① 공무원은 공무 외에 영리를 목적으로 하는 업무에 종사하지 못하며 소속 기관장의 허가 없이 다른 직무를 겸할 수 없다. ② 제1항에 따른 영리를 목적으로 하는 업무의 한계는 국회규칙, 대법원규칙, 헌법재판소규칙, 중앙선거관리위원회규칙 또는 대통령령으로 정한다. 第65조(정치운동의 금지) ① 공무원은 정당이나 그 밖의 정치단체의 결성에 관여하거나 이에 가입할 수 없다. 第66조(집단행위의 금지) ① 공무원은 노동운동이나 그 밖에 공무 외의 일을 위한 집단 행위를 하여서는 아니 된다. 다만, 사실상 노무에 종사하는 공무원은 예외로 한다.
교육공무원법	第43조(교권의 존중과 신분보장) ① 교권은 존중되어야 하며, 교원은 그 전문적 지위나 신분에 영향을 미치는 부당한 간섭을 받지 아니한다. ② 교육공무원은 형의 선고나 징계처분 또는 이 법에서 정하는 사유에 의하지 아니하고는 본인의 의사에 반하여 강임 · 휴직 또는 면직을 당하지 아니한다. ③ 교육공무원은 권고에 의하여 사직을 당하지 아니한다. 第48조(교원의 불체포특권) ① 교원은 현행범인인 경우를 제외하고는 소속 학교의 장의 동의 없이 학원 안에서 체포되지 아니한다.
사립학교법	第55조(복무) ① 사립학교의 교원의 자격에 관하여서는 국공립학교의 교원에 관한 규정을 준용한다. 第56조(의사에 반한 휴직 · 면직 등의 금지) ① 사립학교 교원은 형의 선고 · 징계처분 또는 이 법에 정하는 사유에 의하지 아니하고는 본인의 의사에 반하여 휴직 또는 면직 등 불리한 처분을 받지 아니한다. 다만, 학급 · 학과의 개폐에 의하여 폐직이나 과원이 된 때에는 그러하지 아니한다. ② 사립학교 교원은 권고에 의하여 사직을 당하지 아니한다. 第60조(교원의 불체포 특권) 사립학교의 교원은 현행범인의 경우를 제외하고는 소속 학교장의 동의 없이 학원 안에서 체포되지 아니한다.

(계 속)

구분	내용
교원의 지위 향상 및 교육활동 보호를 위한 특별법	제2조(교원에 대한 예우) ① 국가, 지방자치단체, 그 밖의 공공단체는 교원이 사회적으로 존경받고 높은 긍지와 사명감을 가지고 교육활동을 할 수 있는 여건을 조성하도록 노력하여야 한다. ② 국가, 지방자치단체, 그 밖의 공공단체는 교원이 학생에 대한 교육과 지도를 할 때 그 권위를 존중받을 수 있도록 특별히 배려하여야 한다.
교원의 지위 향상 및 교육활동 보호를 위한 특별법	제3조(교원보수의 우대) ① 국가와 지방자치단체는 교원의 보수를 특별히 우대하여야 한다. ② 사립학교법 제2조에 따른 학교법인과 사립학교 경영자는 그가 설치·경영하는 학교 교원의 보수를 국공립학교 교원의 보수수준으로 유지하여야 한다.
유아교육법	제21조(교직원의 임무) ① 원장은 원무를 총괄하고 소속 교직원을 지도·감독하며 해당유치원의 유아를 교육한다. ② 원감은 원장을 보좌하여 원무를 관리하고 해당 유치원의 유아를 교육하며, 원장이 부득이한 사유로 직무를 수행할 수 없을 때에는 그 직무를 대행한다. 다만, 원감을 두지 아니하는 유치원은 원장이 미리 지명한 교사(수석교사를 포함한다)가 그 직무를 대행한다. ③ 수석교사는 교사의 교수·연구활동을 지원하며, 유아를 교육한다. ④ 교사는 법령에서 정하는 바에 따라 해당 유치원의 유아를 교육한다. ⑤ 행정직원 등 직원은 법령에서 정하는 바에 따라 유치원의 행정사무와 그 밖의 사무를 담당한다.

2) 보육교사

보육교사는 유치원교사와 동일하게 교사라는 명칭을 사용하지만 교원에 속하지 않는다. 그러다 보니 보육교사에 대한 지위를 별도로 규정한 법은 부재한다. 보육교사는 일반 근로자에 해당되어 민법, 근로기준법, 남녀 고용 평등과 일·가정 양립 지원에 관한 법률의 규정에 따라 법적 지위와 신분보장을 받는다. 다만, 영유아보육법에서는 보육교사의 법적 지위를 기본적으로 규정하고 있다. 보육교직원의 배치, 직무, 임면, 결격사유, 어린이집 원장 또는 보육교사의 자격과 자격증의 교부, 보수교육에 대한 규정이 제시되고 있다. 보육교사의 권리와 의무를 보장하고 있는 법률적 근거를 제시하면 표 3.2와 같다.

표 3.2 보육교사의 권리와 의무(법률적 근거)

구분	내용
민법	제655조(고용의 의의) 고용은 당사자 일방이 상대방에 대하여 노무를 제공할 것을 약정하고 상대방이 이에 대하여 보수를 지급할 것을 약정함으로써 그 효력이 생긴다. 제656조(보수액과 그 지급시기) ① 보수 또는 보수액의 약정이 없는 때에는 관습에 의하여 지급하여야 한다. ② 보수는 약정한 시기에 지급하여야 하며 시기의 약정이 없으면 관습에 의하고 관습이 없으면 약정한 노무를 종료한 후 지체없이 지급하여야 한다. 제662조(묵시의 갱신) ① 고용기간이 만료한 후 노무자가 계속하여 그 노무를 제공하는 경우에 사용자가 상당한 기간 내에 이의를 하지 아니한 때에는 전고용과 동일한 조건으로 다시 고용한 것으로 본다. 그러나 당사자는 제660조의 규정에 의하여 해지의 통고를 할 수 있다. ② 전항의 경우에는 전고용에 대하여 제삼자가 제공한 담보는 기간의 만료로 인하여 소멸한다.
근로기준법	제4조(근로조건의 결정) 근로조건은 근로자와 사용자가 동등한 지위에서 자유의사에 따라 결정하여야 한다. 제5조(근로조건의 준수) 근로자와 사용자는 각자가 단체협약, 취업규칙과 근로계약을 지키고 성실하게 이행할 의무가 있다. 제6조(균등한 처우) 사용자는 근로자에 대하여 남녀의 성(性)을 이유로 차별적 대우를 하지 못하고, 국적·신앙 또는 사회적 신분을 이유로 근로조건에 대한 차별적 처우를 하지 못한다. 제7조(강제 근로의 금지) 사용자는 폭행, 협박, 감금 그 밖에 정신상 또는 신체상의 자유를 부당하게 구속하는 수단으로써 근로자의 자유의사에 어긋나는 근로를 강요하지 못한다. 제23조(해고 등의 제한) ① 사용자는 근로자에게 정당한 이유 없이 해고, 휴직, 정직, 전직, 감봉 그 밖의 징벌(이하 '부당 해고 등'이라 한다)을 하지 못한다. ② 사용자는 근로자가 업무상 부상 또는 질병의 요양을 위하여 휴업한 기간과 그 후 30일 동안 또는 산전·산후의 여성이 이 법에 따라 휴업한 기간과 그 후 30일 동안은 해고하지 못한다. 다만, 사용자가 제84조에 따라 일시 보상을 하였을 경우 또는 사업을 계속할 수 없게 된 경우에는 그러하지 아니하다. 제50조(근로시간) ① 1주 간의 근로시간은 휴게시간을 제외하고 40시간을 초과할 수 없다. ② 1일의 근로시간은 휴게시간을 제외하고 8시간을 초과할 수 없다. 제53조(연장 근로의 제한) ① 당사자 간에 합의하면 1주간에 12시간을 한도로 제50조의 근로시간을 연장할 수 있다. 제60조(연차유급휴가) ① 사용자는 1년간 80% 이상 출근한 근로자에게 15일의 유급휴가를 주어야 한다. 제73조(생리휴가) 사용자는 여성 근로자가 청구하면 월 1일의 생리휴가를 주어야 한다.

(계 속)

구분	내용
남녀 고용 평등과 일 · 가정 양립 지원에 관한 법률	제7조(모집과 채용) ① 사업주는 근로자를 모집하거나 채용할 때 남녀를 차별하여서는 아니 된다. ② 사업주는 여성근로자를 모집 · 채용할 때 그 직무의 수행에 필요하지 아니한 용모 · 키 · 체중 등의 신체적 조건, 미혼 조건, 그 밖에 고용노동부령으로 정하는 조건을 제시하거나 요구하여서는 아니 된다.
남녀 고용 평등과 일 · 가정 양립 지원에 관한 법률	제11조(정년 · 퇴직 및 해고) ① 사업주는 근로자의 정년 · 퇴직 및 해고에서 남녀를 차별하여서는 아니 된다. ② 사업주는 여성 근로자의 혼인, 임신 또는 출산을 퇴직 사유로 예정하는 근로계약을 체결하여서는 아니 된다.
영유아보육법	제18조(보육교직원의 직무) ① 어린이집의 원장은 어린이집을 총괄하고 보육교사와 그 밖의 직원을 지도 · 감독하며 영유아를 보육한다. ② 보육교사는 영유아를 보육하고 어린이집의 원장이 불가피한 사유로 직무를 수행할 수 없을 때에는 그 직무를 대행한다. 제18조의 2(보육교직원의 책무) - 보육교직원은 영유아를 보육함에 있어 영유아에게 신체적 고통이나 고성 · 폭언 등의 정신적 고통을 가하여서는 아니 된다.

4 영유아교사의 복무와 처우

1) 유치원교사

(1) 근무시간

유치원교사는 법령에서 정하는 바에 따라 해당 유치원의 원아를 교육하는 임무를 수행하기 위해서 근무시간, 휴가, 휴직 등의 복무규정을 잘 지켜야 한다(김희수 외, 2010; 최애경 외, 2016).

① 단위 유치원별 근무시간제

교원의 근무시간은 직무의 특수성을 감안하여 1일 근무시간의 총량(평일 8시간, 토요일 4시간)을 확보하여 근무시간을 정하고, 교육과정 운영에 지장이 없는 범위 내에서 교원의 출·퇴근시간을 유치원별로 자율적으로 정할 수 있으며, 연중 9시부터 17시(토요일 13시: 동·하절기 공통)까지로 하는 것이 원칙이다. 유치원별 교육과정 운영의 자율성을 높이고 교원의 자율연수 기회를 확대하며 특기적성교육 등을 활성화하기 위해 단위 유치원별 탄력근무 시간제를 운영할 수 있다. 하지만 개인별 또는 일부 집단별 근무시간의 조정은 불가능하다.

② 시간 외 근무 및 공휴일 근무

교육활동을 원활하게 하기 위하여 시간 외 근무 및 공휴일 근무가 이루어질 수 있다. 사무처리상 긴급을 요한다고 인정할 때에는 근무시간 외의 근무를 명하거나 공휴일의 근무를 명할 수 있다. 공휴일에 근무를 한 경우에는 그 다음의 정상근무일을 휴무하게 할 수 있다. 근무사항의 관리를 위해 몇 가지 사항을 제시하면 다음과 같다.

- 각급 기관장은 근무기강 확립을 위해 노력해야 한다.
- 근무상황부 대신 근무상황카드를 비치·관리할 수 있다.
- 휴가, 지참, 조퇴 및 외출과 근무지 내 출장을 하고자 하는 때에는 근무상황부 또는 근무상황카드에 의하여 사전에 유치원장의 허가를 받아야 한다. 다만, 불가피한 사유로 사전에 허가를 받지 못한 경우에는 사후에 지체 없이 허가를 받아야 한다.
- 허가를 받지 아니하고 출근하지 아니한 때에는 근무상황부에 결근으로 처리한다.

- 전보, 파견, 전출, 휴직, 정직, 직위해제, 면직 및 장기간 출장, 휴가 등일 때는 유치원장이 지정한 자에게 그 담당업무를 인계해야 한다.
- 퇴근 시 문서 및 물품을 잠금장치가 된 지정 서류함에 보관해야 하며, 유가증권 및 비밀문서 등 특별한 관리가 필요한 문서 및 물품은 일반문서 및 물품과 별도로 보관하여야 한다.

(2) 휴가 등 그 밖의 복무관리

① 휴가의 개념

교원의 휴가의 유형에는 연가 · 병가 · 공가 · 특별휴가로 구분하며, 원장은 휴가를 허가함에 있어 소속 교원이 원하는 시기에 법정 일수가 보장되도록 해야 한다. 연가와 특별휴가 중 장기재직휴가는 원아들의 수업 등을 고려하여 부모 생신일 또는 기일 등을 제외하고는 특별한 사유가 없는 한 방학 중에 실시하고, 휴가로 인한 수업결손 등이 발생하지 않도록 필요한 조치를 취해야 한다. 참고로 휴가의 유형별 내용을 소개하면 표 3.3과 같다.

표 3.3 휴가의 유형

구분	내용
연가	정신적 · 신체적 휴식을 취함으로써 근무능률을 유지하고 개인생활의 편의를 위하여 사용하는 휴가
병가	질병 또는 부상으로 직무를 수행할 수 없는 경우 전염병에 걸려 다른 교원이나 학생의 건강에 영향을 미칠 우려가 있을 때 부여받는 휴가
공가	교원이 일반 국민의 자격으로 국가기관의 업무수행에 협조하거나 법령상 의무 이행이 필요한 경우에 부여받는 휴가
특별휴가	사회통념 및 관례상 특별한 사유(경조사 등)가 있는 경우 부여받는 휴가

② 휴가의 절차와 방법

교원의 휴가 · 지참(정해진 근무시간까지 출근하지 못하는 것) · 조퇴 · 외출과 근무지 내 출장을 하고자 하는 때에는 위임전결규정이 정한 허가권자에게 근무상황부 또는 근무상황카드에 의하여 미리 신청을 하여 사유 발생 전까지 허가를 받아야 한다. 다만 병가, 특별휴가 등 불가피한 경우에는 당일 정오까지 필요한 절차를 취해야 하며, 이 경우 다른 교원으로 하여금 이를 대행하게 할 수 있다. 또한 교원이 정해진 시간까지 출근할 수 없을 때에는 소속 기관에 미리 신고해야 하고, 그 후 출근한 때에는 지참으로, 출근하지 않는 때에는 결근으로 처리한다.

연가 · 병가 · 공가 · 특별휴가는 별개의 요건에 따라 운영되므로, 해당 휴가 일수의 계산은 휴가 유형별로 따로 계산한다. 연가 · 병가 · 공가에 대한 구체적인 내용은 국가공무원 복무규정(대통령령 제26944호, 2016. 2. 3., 타법 개정)과 교원휴가업무 처리요령(교육부 예규 제20호, 2015. 1. 30., 일부개정)을 참고하고, 여기서는 경조사휴가 일수만 제시하였다. 경조사휴가 일수는 표 3.4와 같다.

표 3.4 경조사휴가 일수

구분	대 상	일 수
결혼	본인	5
	자녀	1
출산	배우자	5
입양	본인	20
사망	배우자, 본인 및 배우자의 부모	5
	본인 및 배우자의 조부모 · 외조부모	2
	자녀와 그 자녀의 배우자	2
	본인 및 배우자의 형제자매와 그 형제자매의 배우자	1

표 3.4에 제시되지 않은 경조사는 각 지방자치단체의 조례에 따르며, 휴가기간 중의 공휴일은 그 휴가 일수에 산입하지 않지만, 휴가 일수가 연속하여 30일 이상 계속되는 경우와 경조사 특별휴가는 그렇게 하지 않는다. 또한 법정 휴가 일수를 초과한 휴가는 결근으로 처리한다.

③ 휴가 실시 관련 유의사항

휴가 중에는 긴급 상황 시 연락이 가능하도록 연락체계를 유지해야 한다. 교원이 휴가를 실시함에 있어서는 수업 및 담당사무 등을 원장이 정한 자에게 인계하여 업무의 연속성을 유지해야 한다.

④ 출장

출장이란 상사의 명을 받아 공무를 수행하는 것이며 출장명령권자인 소속기관장이 사안별로 공무와의 관련 여부와 유치원 운영 등 제반 사정을 고려하여 명령한다. 출장명령은 해당 교원의 업무 관련성, 출장내용, 출장목적 등의 요건을 종합적으로 고려하여 명령권자가 판단한다. 출장교원은 공무수행을 위하여 전력을 다하여야 하며 사사로운 일을 위하여 시간을 소비해서는 안 되며, 지정된 출장기일 안에 그 임무를 완수하지 못할 사유가 발생한 때에는 전화, 전보, 기타의 방법으로 원장에게 보고하고 그 지시를 받아야 한다. 출장교원이 그 출장용무를 마치고 귀교한 때에는 지체 없이 원장에게 복명서를 제출해야 한다. 다만, 경미한 사항에 대해서는 구술로 할 수 있다.

(3) 보수

유치원교사의 보수는 유치원의 설립주체, 즉 국공립유치원과 사립유치원에 따라 차이가 있다. 국공립유치원교사는 교원이므로 공무원 보수규정과 수당규정에 따라 보수가 결정된다. 호봉별로 봉급을 지급받으며, 기본급인 봉급 외에 정근수당, 교직수당, 교원보전수당, 담임수당, 기말수당 등이 보수에 포함된다. 유치원교사의 기본급을 계산할 때 경력과 함께 법정 수학연한인 학령을 환산해 계산해 주기 때문에 일반적으로 전문대학(3년제) 졸업자는 7호봉부터, 비사범계 일반대학(4년제) 졸업자는 8호봉부터, 사범계 일반대학(4년제) 졸업자는 9호봉부터 시작된다. 호봉은 급여체계 안에서의 등급으로 임용 시 정해지고, 1년에 1호봉씩 오른다.

사립유치원교사의 보수는 교육공무원에 관한 규정을 준한다고 되어 있지만, 사실상 근로계약으로 원장과 협의된 금액의 보수를 지급받기 때문에 국공립유치원교사와는 차이가 있다. 또한 본봉 외의 기타수당은 각 시·도 교육청과 개별 유치원별로 달리 지급되고 있는 실정이다. 이에 따라 시·도 교육청별로 담임수당 외에 교직수당, 처우개선비 등 다양한 명목의 인건비 지원이 달리 이루어지고 있기 때문에 지급기준이 약간씩 차이가 있고, 유치원에 따라서도 보수책정이 다르다. 유치원교사의 봉급표는 표 3.5와 같다.

표 3.5 유치원교사의 호봉별 봉급액(2018년 기준)

호 봉	봉급액	호 봉	봉급액	호 봉	봉급액	호 봉	봉급액
1	1,573,100	11	2,063,300	21	2,998,100	31	4,139,400
2	1,620,700	12	2,116,400	22	3,108,800	32	4,259,300
3	1,669,100	13	2,212,800	23	3,218,600	33	4,381,100
4	1,717,200	14	2,309,600	24	3,328,500	34	4,502,600
5	1,765,800	15	2,406,200	25	3,438,500	35	4,624,300
6	1,814,300	16	2,503,100	26	3,548,800	36	4,745,400
7	1,862,100	17	2,598,900	27	3,663,900	37	4,850,900
8	1,909,900	18	2,699,100	28	3,778,700	38	4,956,500
9	1,958,400	19	2,798,900	29	3,898,800	39	5,062,300
10	2,011,500	20	2,898,500	30	4,019,300	40	5,167,400

★ 참고) 유치원 · 초등학교 · 중학교 · 고등학교의 기간제교원에 대하여는 제8조의 규정에 의거하여 산정된 호봉의 봉급액을 지급하되, 고정급으로 한다. 다만, 교육공무원법 제32조 제1항 제4조의 규정에 의한 기간제교원의 호봉은 14호봉을 넘지 못하며, 교육공무원임용령 제13조 제2항에 따라 시간제로 근무하는 기간제교원으로 임용된 사람에게 지급하는 월봉급액은 해당 교원이 정상근무 시 받을 봉급월액을 기준으로 하여 근무시간에 비례하여 지급한다.

참고로 공무원보수규정에 제시된 보수 관련 용어들은 표 3.6과 같다.

표 3.6 보수 관련 용어

구분	내용
보수	봉급과 그 밖의 각종 수당을 합산한 금액(다만, 연봉제 적용대상 공무원은 연봉과 그 밖의 각종 수당을 합산한 금액)
봉급	직무의 곤란성과 책임의 정도에 따라 직책별로 지급되는 기본 급여 또는 직무의 곤란성과 책임의 정도 및 재직기간 등에 따라 계급(직무등급이나 직위를 포함)별, 호봉별로 지급되는 기본 급여
수당	직무여건 및 생활여건 등에 따라 지급되는 부가 급여
승급	일정한 재직기간의 경과나 그 밖에 법령의 규정에 따라 현재의 호봉보다 높은 호봉을 부여하는 것

(4) 보험

유치원교사의 복지후생은 연금과 보험으로 가입되어 보호받고 있다. 국공립유치원교사는 공무원연금, 건강보험에 가입하며, 사립유치원교사는 사립학교교직원연금, 건강보험에 가입해야 한다(심성경 외, 2017; 최애경 외, 2016).

2) 보육교사

어린이집의 보육교직원은 고용된 근로자로서 근로기준법에 따라 복무관리가 이루어지고 있으며, 복무는 근무시간 및 휴가 등의 사항을 포함한다.

(1) 근무시간

보육교직원의 근무시간은 평일 8시간을 원칙으로 하나, 어린이집의 운영시간(07:30~19:30)을 고려하여 연장근무 및 출퇴근시간을 탄력적으로 조정할 수 있다. 보육교사 및 보육교직원의 근무시간 및 근로조건 등은 근로기준법 등 노동관계 법령에 따라야 하며, 기준시간을 초과하여 근무하는 경우에는 관련 법령규정에 따라 초과근무수당을 지급해야 한다.

(2) 교직원의 겸임 제한

어린이집의 원장은 전임이어야 하며, 다른 어린이집 업무를 겸임할 수 없다. 다른 업무 역시 겸임할 수 없지만, 원장이 간호사 또는 영양사 자격이 있는 때에는 간호사 또는 영양사를 겸직하게 할 수 있고, 20명 이하의 영유아를 보육하는 어린이집의 원장은 보육교사를 겸임하는 것이 허용된다.

(3) 교직원의 휴가 등 그 밖의 복무관리

- 보육교직원의 휴가는 보육 공백을 최소화할 수 있도록 순번제로 실시하고, 보수교육이나 출산휴가 등으로 공백이 생기는 경우에는 이를 대체할 수 있는 대체원장, 대체교사 또는 그 밖의 인력을 각각 배치해야 한다.
- 교직원의 휴가, 휴일, 휴식 등 근로시간과 관련이 있는 사항에 대해서는 근로기준법 등 노동 관련 법령에 따른다.
- 고용, 산전후휴가, 육아휴직 등과 관련이 있는 사항에 대해서는 <남녀 고용평등과 일 · 가정 양립 지원에 관한 법률>의 규정을 준용한다.
- 보육교직원의 최저임금 보장 등과 관련이 있는 사항에 대하여는 최저임금법 규정을 준용한다.
- 기타 교직원의 복무, 근로 등과 관련하여서는 각 개별법을 준용하도록 한다.
- 보육교직원이 퇴직할 경우에는 사직서를 제출받아 퇴직처리하고, 퇴직사실을 관할 시 · 군 · 구청에 보고해야 한다. 어린이집을 설치 · 운영하는 자는 퇴직하는 근로자에게 퇴직금을 지급할 수 있도록 별도의 퇴직적립금(어린이집에서 부담)을 관리 · 운영해야 하고, 퇴직급여의 지급 및 관리는 근로기준법 및 근로자퇴직급여 보장법에 따라 운영해야 한다.

(4) 보수

보육교직원의 보수와 관련된 일반적인 사항은 근로관계 법령(근로기준법, 근로자 퇴직급여 보장법 등)을 기본으로 한다. 그리고 보육교직원의 보수는 보육사업 지침에 명시된 보육교직원 인건비 지급기준에 따라 지급된다. 따라서 보수는 보육교직원의 호봉, 근무성적과 시설의 운영여건 및 보육교직원 인건비 지급기준에 따라 원장, 보육교사(간호사, 영양사, 특수교사, 치료사 포함), 조리원을 구분하여 지급한다. 보육교직원 자격기준 이외의 직원(사무원, 사회복무요원, 도우미 등) 등의 보수는 별도기준을 정하여 적용한다.

보육교직원 보수기준은 국고보조 어린이집(정부인건비지원 어린이집, 직장어린이집)에 적용함을 원칙으로 하지만, 국고보조 어린이집이 아닌 어린이집(미지원 어린이집)은 다른 법령에서 특별히 규정한 경우를 제외하고는 호봉기준을 달리 정하거나 인건비 책정 시 호봉을 적용하지 않을 수 있다. 즉, 시설의 재정형편에 따라 원장과 교직원이 협의(근로계약서 체결)하여 보수기준을 자율적으로 정할 수 있다. 단, 교직원의 보수를 심히 불리하게 책정해서는 안 된다.

국공립 어린이집, 법인 어린이집 등 보육교직원의 인건비를 지원받는 국고보조 어린이집의 원장은 해당 보육교직원의 인건비를 지급할 때에 보건복지부장관이 정하는 보육교직원 봉급표상의 월지급액을 기준으로 지급하되, 보수책정을 위해서는 호봉 획정과 경력 산정, 최고호봉 기준, 호봉 승급, 각종 수당 등을 고려해야 한다.

보육교직원의 처우개선을 통한 보육교직원의 사기 진작 및 유능한 보육인력 확보로 보육서비스의 질 향상을 도모하기 위하여, 국고 혹은 지방자치단체에서 처우개선비와 수당이 추가로 지급된다. 국고보조 어린이집 및 육아종합지원센터에 근무하는 보육교사 및 특수교사에게는 교사근무환경 개선비가 지급되고 3~5세 연령별 누리과정 학급을 담당하는 교사에게는 처우개선비가 포함되어 지급된다. 농촌보육교사는 특별근무수당, 자격수당, 장기근속수당 등이 포함되기도 하고, 지방자치단체에 따라 어렵고 힘든 취약보육의 활성화와 장애아·영아·다문화교사의 전문성 향상을 위해 일정 수준에 도달한 전문교사에게 수당을 지원하는 곳도 있다.

어린이집에 따라 보육교사의 보수는 달라질 수 있으나, 초임으로 임면될 경우에는 학력에 관계없이 초임호봉 획정은 1호봉으로 시작된다. 어린이집 근무경력 1년과 군복무기간 1년을 1호봉씩으로 하여 초임호봉을 정하며 호봉승급에 필요한 기간은 1년으로 한다. 그리고 보육교직원 인건비의 지급은 반드시 계좌로 입금해야 하며, 보육교직원에게는 봉급명세서를 발급해야 한다. 보육교직원의 인건비 지급기준은 표 3.7과 같다.

표 3.7 보육교직원 인건비 지급기준(2018년 기준)

호봉	원장		보육교사		조리원	
	보수총액	월지급액	보수총액	월지급액	보수총액	월지급액
1	24,013,200	2,001,100	20,433,600	1,702,800	18,985,200	1,582,100
2	24,652,800	2,054,400	20,826,000	1,735,500	19,195,200	1,599,600
3	25,447,200	2,120,600	21,262,800	1,771,900	19,406,400	1,617,200
4	26,198,400	2,183,200	21,716,400	1,809,700	19,620,000	1,635,000
5	26,956,800	2,246,400	22,383,600	1,865,300	19,836,000	1,653,000
6	28,636,800	2,386,400	23,922,000	1,993,500	20,054,400	1,671,200
7	29,637,600	2,469,800	24,924,000	2,077,000	20,275,200	1,689,600
8	30,288,000	2,524,000	25,372,800	2,114,400	20,492,400	1,707,700
9	31,150,800	2,595,900	26,054,400	2,171,200	21,105,600	1,758,800
10	32,019,600	2,668,300	26,794,800	2,232,900	21,631,200	1,802,600
11	33,111,600	2,759,300	27,758,400	2,313,200	22,460,400	1,871,700
12	34,064,400	2,838,700	28,581,600	2,381,800	23,222,400	1,935,200
13	34,783,200	2,898,600	29,301,600	2,441,800	23,781,600	1,981,800

(계 속)

호봉	원장		보육교사		조리원	
	보수총액	월지급액	보수총액	월지급액	보수총액	월지급액
14	35,551,200	2,962,600	29,942,400	2,495,200	24,315,600	2,026,300
15	36,320,400	3,026,700	30,583,200	2,548,600	24,843,600	2,070,300
16	37,304,400	3,108,700	31,491,600	2,624,300	25,656,000	2,138,000
17	38,046,000	3,170,500	32,156,400	2,679,700	26,277,600	2,189,800
18	38,863,200	3,238,600	32,821,200	2,735,100	26,925,600	2,243,800
19	39,655,200	3,304,600	33,484,800	2,790,400	27,548,400	2,295,700
20	40,342,800	3,361,900	34,148,400	2,845,700	29,195,200	2,349,600
21	41,514,000	3,459,500	35,244,000	2,937,000	29,222,400	2,435,200
22	42,278,400	3,523,200	35,906,400	2,992,200	29,818,800	2,484,900
23	42,963,600	3,580,300	36,490,800	3,040,900	30,414,000	2,534,500
24	43,647,600	3,637,300	37,152,000	3,096,000	30,984,000	2,582,000
25	44,410,800	3,700,900	37,760,400	3,146,700	31,605,600	2,633,800
26	45,118,800	3,759,900	38,368,800	3,197,400	32,176,800	2,681,400
27	45,776,400	3,814,700	38,898,000	3,241,500	32,604,000	2,717,000
28	46,459,200	3,871,600	39,480,000	3,290,000	33,174,000	2,764,500
29	47,089,200	3,924,100	40,112,400	3,342,700	33,717,600	2,809,800
30	47,778,000	3,981,500	40,666,800	3,388,900	34,285,200	2,857,100
비고	1) 보육교사: 간호사, 영양사, 특수교사, 치료사 포함 2) 특수교사수당 20만 원은 별도 지급					

참고로 보육교직원의 보수와 관련된 용어들을 살펴보면 표 3.8과 같다.

표 3.8 보육교직원의 보수 관련 용어

구분	내용
교직원 월지급액 (봉급월액)	2016년도 보육교직원 인건비 지급기준에 의한 월지급액으로, 직종별 · 호봉별로 지급되는 연봉을 월단위로 나누어 지급하는 금액
연봉액 (보수총액)	기말수당, 가계지원비, 정근수당, 장기근속수당, 가계 보조수당, 명절휴가비, 교통 · 급식비 등을 반영하여 연간 총급여를 산정한 금액
호봉	근무경력의 기간에 따라 1년을 단위로 인건비 책정을 달리하는 기준
호봉승급	일정한 재직기간의 경과에 의하여 현재의 호봉보다 높은 호봉을 부여하는 것
호봉인정 근무경력	호봉 산정 시 인정되는 어린이집 등에 종사한 경력 - 영유아보육법 제정 전 새마을유아원 탁아시설에 근무한 경력 - 육아종합지원센터에서 근무한 경력(대체교사 경력 포함) - 2005년 1월 30일 이후 보육교사 자격을 가지고 방과 후 과정을 운영하는 유치원에 근무한 경력 - 병역법 제18조 제2항에 따른 해당 현역병 의무복무 기간
보수의 일할계산	그 달의 보수를 그 달의 일수로 나누어 계산하는 것
시간 외 수당	연장 · 야간 · 휴일근로에 대한 초과근무수당을 말하며, 근로기준법에 따라 별도 지급하여야 함

(5) 보험

관계 법령이 정하는 바에 따라 보육교직원이 1인 이상인 어린이집의 대표자(설치 · 운영자)는 상시근로자로 보육교직원을 고용하기 위해서 국민연금, 국민건강보험, 산업재해보상보험 및 고용보험 등 4대 사회보험에 의무적으로 가입시켜야 한다. 또한 근로기준법 제34조에 의해 퇴직적립금을 관리 · 운영해야 한다.

생각의 나무

1. 영유아교사의 소극적 권리와 적극적 권리를 구분하고, 각각의 개념을 정리해 봅시다.

2. 영유아교사의 복무와 처우의 개념을 정리하고, 개선되어야 할 사항이 무엇인지 이야기를 나눠 봅시다.

3. 영유아교사의 의무와 관련하여 아래의 김 교사의 사례를 읽고, 김 교사가 처한 상황에 대하여 토론해 봅시다.

"교원의 의무" 관련 김 교사의 사례

OO지역에 발령받은 김 교사는 OO교육청 일을 많이 했다. 종교 활동을 통해 김 교사가 어릴 적부터 알고 지내던 장학사와 교사가 된 후 연락이 되어 교육청 일을 많이 도와주게 된 동기이다. 김 교사는 OO초등학교 병설유치원에 재직하면서 모든 일에 적극적이고 수업활동도 잘하고 유아지도에도 재능이 있어 발령을 받은 후에도 두각을 나타냈다. 병설유치원의 여러 업무를 담당한 후 효과적으로 맡은 일들을 해냈으며 교육청 중요 업무도 돕게 되어 출장도 잦았다. 그런 김 교사가 현재 OO초등학교 병설유치원에서 임기가 만료되어 이동할 시기가 되었다.

평소 교육청 일에 헌신한 김 교사를 위해 장학사는 편의를 봐주고 싶어서 선호하는 초등학교 병설유치원을 은근히 물어봤다. 김 교사는 편히 지내는 아버지 같은 분이시기에 그냥 지나가는 말로 가까운 OO초등학교 병설유치원을 원한다고 말했다. 문제는 OO초등학교에서 일어났다. 이미 학급과 업무 배정이 모두 종료된 상태에서 공식적으로 빈자리가 없는데도 불구하고, 교육청에서 김 교사를 그 초등학교 병설유치원으로 전보를 낸 것이다. OO초등학교에서는 김 교사 대신 다른 교사를 전보 조치할 수밖에 없었다. 이에 부정적인 생각을 가진 교장과 원장은 김 교사에게 과중한 업무를 부여했다. 이전 학교에서 맡은 업무량이 너무 많고 교육청 일도 힘에 겨워 학교를 옮기고 싶었던 김 교사에게는 업친데 덮친 격이었다. 장학사에게 김 교사는 전보 소식을 전하는 통화에서 이런저런 어려운 얘기를 하게 되었고, 이야기를 들은 장학사는 OO초등학교 교장에게 전화를 넣었다.

전화 통화 후, OO초등학교는 기존의 학급 배정을 다시 짜게 되었고, 김 교사는 자신이 원하는 만 4세반에 배정되었다. OO초등학교 병설유치원의 모든 교사들은 전입 초기부터 말이 많던 김 교사에 대해 시간이 지나면서 더 부정적으로 인식하게 되었다. 김 교사는 시간이 지남에 따라 인간관계가 힘들어져서…

출처: 김희수(2011).

CHAPTER

04

영유아교사의 양성교육

• 학습개요 •

유치원교사 양성과정은 교육부가 고시한 유치원교사 자격 취득에 필요한 세부기준에 따라 운영되고 있다. 현재 유치원교사 자격증을 취득하기 위해서는 교과교육 8학점을 포함한 전공과목 50학점 그리고 교육실습 4학점을 포함한 교직과목 22학점을 이수해야 한다. 보육교사 양성과정은 영유아교육법에 기초하여 2년제 및 3년제 전문대학, 4년제 일반대학, 보육교사 교육원(1년제, 고졸 이상), 사이버대학, 방송통신대학, 학점은행제 과정, 그리고 대학원 등 다양하다. 뿐만 아니라, 보육교사를 양성하는 대학의 학과나 전공에 상관없이 일정 기준의 교과목과 학점만 충족되면 교사 자격이 부여되는 교과목 중심의 양성체제를 따르고 있어, 보육교사는 전문대학과 일반대학 등에서 다양한 양성과정을 통해 배출되고 있다. 이 장에서는 유치원교사와 보육교사 양성과정에 대하여 살펴보고자 한다. 이 장의 학습목표는 다음과 같다.

• 학습목표 •

1. 유치원교사 양성과정에 대하여 이해하고 설명할 수 있다.
2. 보육교사 양성과정에 대하여 이해하고 설명할 수 있다.

1 유치원교사 양성과정

유치원교사 양성과정은 교육부가 고시한 유치원교사 자격 취득에 필요한 세부기준에 따라 운영되고 있다. 현재 유치원교사 자격증을 취득하기 위해서는 교과교육 8학점을 포함한 전공과목 50학점 그리고 교육실습 4학점을 포함한 교직과목 22학점을 이수해야 한다. 추가적으로 다음과 같은 조건도 함께 충족해야 한다.

- 전공과목 평균은 75점 이상, 교직과목 평균은 80점 이상이어야 한다.
- 2016년부터 <인성교육 5개년 종합 계획>과 연동하여 교직 적성 및 인성검사는 2년 이하의 교원양성과정 이수자의 경우 적격판정 1회 이상, 2년을 초과하는 교원양성과정 이수자는 적격 판정 2회 이상을 받아야 한다. 또한 교원양성과정에 인성요소 반영을 확대(과목 개설 또는 교직과목으로 개설된 생활지도 및 상담과목으로 인성교육 역량 제고 등)하였다.
- 2016년 3월 1일부터 시행하는 응급처치 및 심폐소생술 실습기준에 따르면, 교원양성과정을 이수하는 동안 해당 교원 양성기관의 장이 실시한 응급처치 및 심폐소생술 실습을 2회 이상 받아야 한다.

1) 전공과목

전공과목은 각 교과내용을 다루는 교과내용 영역의 과목과 이를 학습자의 특성에 맞게 교육할 수 있는 방법을 교과교육 영역의 과목으로 구성된다. 교원자격검정 실무편람에 의하면 일반전공이 교과내용 영역에 해당하며 그중 21학점(7과목)을 기본이수과목으로 하고, 교과교육 영역에서 8학점(3과목) 이상을 포함하여 50학점 이상의 전공과목을 이수하도록 규정하고 있다.

유치원교사 자격 무시험검정을 위한 전공과목 이수 및 합격 기준은 다음 표 4.1과 같다.

표 4.1 유치원교사 자격 무시험검정 전공과목 이수 및 합격 기준

구분	교과목
기본이수과목 21학점(7과목) 이상 포함	유아교육론, 유아교육과정, 영유아발달과 교육, 유아언어교육, 유아사회교육, 유아과학교육, 유아수학교육, 유아미술교육, 유아음악교육, 유아교사론, 유아동작교육, 유아놀이지도, 유아교육기관운영관리, 아동복지, 유아건강교육, 유아관찰 및 실습, 부모교육, 유아안전교육
교과교육 영역 8학점(3과목) 이상 포함	교과교육론, 교과교재 연구 및 지도법, 논리 및 논술에 관한 교육, 기타 교과교육 영역
전공 50학점 이상	전공과목 평균성적 75/100점 이상

출처: 교육부(2018)

2) 교직과목

교직과목은 교육현상에 대한 이론적인 이해와 교사로서 직무수행에 필요한 실무능력을 배양하기 위한 과목으로 구성되며, 교직이론과목 12학점(6과목 이상), 교직소양과목 6학점 이상, 교육실습과목 4학점 이상을 포함하여 총 22학점을 이수하도록 규정하고 있다.

유치원교사 자격 무시험검정을 위한 교직과목 이수 및 합격 기준은 표 4.2와 같다.

표 4.2 유치원교사 자격 무시험검정 교직과목 이수 및 합격 기준

구분	교과목
교직이론 12학점(6과목) 이상 포함	교육학개론, 교육심리, 교육철학 및 교육사, 교육사회, 교육과정, 교육행정 및 교육경영, 교육평가, 생활지도 및 상담, 교육 방법 및 교육공학, 기타 교직이론에 관한 과목
교직소양 6학점(3과목) 이상	특수교육학개론(2학점 이상) 교직실무(2학점 이상) 학교폭력예방의 이론과 실제(2학점 이상)
교육실습 4학점(2과목) 이상	학교 현장실습(2학점 이상) 교육봉사활동(2학점 이내 포함, 30시간을 1학점으로 인정)
22학점(11과목) 이상	교직과목 평균성적 80/100점 이상 교육봉사활동 P/F제 가능

출처: 교육부(2018)

3) 교양과목

교양과목은 전문교육을 위한 기초가 아니라 전인 형성을 목적으로 해야 한다. 교양과목은 유치원교사가 가진 인격, 가치관, 태도 등 그 자체가 유아들의 조화로운 인격체 형성에 영향을 미치고, 교양과목의 지식과 경험이 교직의 실천적 지식 함양에 바탕이 되므로 예비 유치원교사는 교양과목을 통해 인문사회, 과학기술, 예술 등의 다양한 분야에 소양을 쌓는 데 힘써야 할 것이다. 교원양성기관마다 교양과목 이수 학점의 기준은 조금씩 다르나, 가급적 유치원교사의 특성을 고려하여 교양교육과정의 편성 및 운영이 이루어져야 할 것이다.

예비 유치원교사들이 좋은 교양교육과정을 이수함으로써 다음과 같은 능력을 배양할 수 있다(박선해 외, 2015).

- 교사이기 이전에 전인적인 인간으로 발달하는 데 필요한 다양한 지적 경험을 함으로써 나라의 발전을 주도할 지성인으로서의 자질을 갖추게 된다.

- 여러 가지의 교양과목을 통해 교사에게 요구되는 다양한 지식을 보다 깊이 이해하게 된다. 특히 유치원교사는 유아들에게 생활환경 속에서 다양한 지식과 경험을 직간접적으로 소개하는 역할을 하므로, 교양과목을 통해 여러 분야에 대해 정확하고 해박한 지식을 갖는다는 것은 매우 중요한 일이다.
- 교양과목을 이수함으로써 유치원교사가 가지고 있어야 할 기술이나 태도 등을 형성하는 데 필요한 기초능력을 기를 수 있다.

2 보육교사 양성과정

보육교사 양성기관은 영유아교육법에 기초하여 2년제 및 3년제 전문대학, 4년제 일반대학, 보육교사 교육원(1년제, 고졸 이상), 사이버대학, 방송통신대학, 학점은행제 과정, 대학원 등 다양하다. 뿐만 아니라, 보육교사를 양성하는 대학의 학과나 전공에 상관없이 일정 기준의 교과목과 학점만 충족되면 교사 자격이 부여되는 교과목 중심의 양성체제를 따르고 있어, 보육교사는 전문대학과 일반대학 등에서 다양한 양성과정을 통해 배출되고 있다.

그러나 최근에 보육교사의 인성 및 자질 향상에 대한 사회적 요구가 높아지면서 이에 부응하기 위해 2016년 1월 영유아보육법 시행규칙이 개정·공포되었다. 이는, 보육교사의 인성과 자질을 향상시켜 전문성을 높이고 보육서비스의 질적 수준을 향상시키기 위해 보육교사 자격기준을 강화한 것이다. 주요 내용을 살펴보면 교육 영역을 교사인성, 보육지식과 기술, 보육실무의 3개 영역으로 구분하여 영역별 필수 교과목을 규정하였고, 총 17개 교과목 중 9개 과목을 대면 교과목으로 지정하여 8시간 이상의 출석 수업과 1회 이상의 출석 시험을 실시하도록 하였다. 그리고 보육현장에 대한 적응력을 높이기 위해 보육실습 기준을 기존 4주 160시간에서 6주 240시간으로 강화하였다.

보육교사 자격 취득을 위해 이수해야 할 보육 관련 교과목 및 학점을 대학과 교육훈련시설로 구분하여 제시하면 표 4.3과 같다.

표 4.3 보육교사 자격 취득을 위한 교과목 및 이수학점

영역	교과목	
교사 인성 6학점(2과목)이상	보육교사(인성)론, 아동권리와 복지	
보육 지식과 기술 39학점(11과목) 이상	필수 27학점(9과목) 이상	보육학개론, 보육과정, 영유아발달, 영유아교수방법론, 놀이지도, 언어지도, 아동음악(또는 아동동작, 아동미술), 아동수학지도(또는 아동과학지도), 아동안전관리(또는 아동 생활지도)
	선택 12학점(4과목) 이상	아동건강교육, 영유아 사회정서지도, 아동문학교육, 아동상담론, 장애아 지도, 특수아동 이해, 어린이집 운영관리, 영유아보육 프로그램 개발과 평가, 보육정책론, 정신건강론, 인간행동과 사회환경, 아동간호학, 아동영양학, 부모교육론, 가족복지론, 가족관계론, 지역사회복지론
보육실무6학점(2과목)	아동관찰 및 행동연구, 보육실습	
51학점(17과목) 이상		
참고내용	• 대면 교과목(9개 교과목): 보육교사(인성)론, 아동권리와 복지, 놀이지도, 언어지도, 아동음악(또는 아동동작, 아동미술), 아동수학지도(또는 아동과학지도), 아동안전관리(또는 아동생활지도), 아동 관찰 및 행동 연구, 보육실습 • 보육실습 - 대면 교과목은 8시간 이상 출석 수업과 1회 이상 출석 시험을 실시한다. - 보육실습은 이론수업과 보육현장실습으로 운영한다. - 보육현장실습은 6주 이상 240시간 이상을 원칙으로 하되, 2회에 나누어 실시할 수 있다. - 보육교사의 자격을 취득하려는 사람이 보육실습을 신청하는 때에 법적으로 인가받은 15명 이상으로 평가인증을 유지하는 어린이집 또는 교육과정과 방과 후 과정을 운영하는 유치원에서 보육교사 1급 또는 유치원정교사 1급 자격을 가진 사람이 보육실습을 지도하여야 한다. 이 경우 실습지도교사 1명당 보육실습생은 3명 이하로 한다. - 보육실습은 평일 오전 9시부터 오후 7시 사이에 한 경우에만 인정하며, 보육실습기간은 하루 8시간을 초과할 수 없다. - 보육실습의 평가는 보건복지부장관이 정하는 보육실습일지와 보육실습평가서에 근거하여 하되, 평가점수가 80점 이상인 경우에만 보육실습을 이수한 것으로 인정한다. • 각 교과목은 3학점을 기준으로 하되, 최소 2학점이어야 한다. • 교과목 명칭이 서로 다르더라도 교과목 내용이 비슷하면 같은 교과목으로 인정하고, 교과목 중 보육실습은 교과목 명칭과 관계없이 보육실습기관과 보육실습기간의 충족하면 보육실습으로 인정한다.	

출처: 영유아보육법 시행규칙 제12조 제1항 별표 4(개정 2016.1.12.)

1) 교사인성 영역

보육교사의 인성에 대한 사회적 관심이 부각되면서 보육교사 자격 취득을 위한 인성교육을 중요시하고 있다. 교사인성 영역은 보육교사(인성)론과 아동권리와 복지 2과목(6학점)으로 구성되어 있다. 특히 보육교사(인성)론은 교사인성 영역의 핵심과목으로 사회적 맥락 안에서의 보육의 본질에 대한 올바른 이해를 돕고 교사로서 지녀야 할 능력, 자질 및 인성의 중요성을 강조한다.

2) 보육지식과 기술 영역

보육지식과 기술 영역은 필수 교과목과 선택 교과목으로 구분된다. 필수 교과목은 보육학개론, 보육과정, 영유아발달, 영유아교수방법론, 놀이지도, 언어지도, 아동음악(또는 아동동작, 아동미술), 아동수학지도(또는 아동과학지도), 아동안전관리(또는 아동생활지도)이며 9과목(27학점)으로 하고 있다. 선택교과목은 아동건강교육, 영유아사회정서 지도, 아동문학교육, 아동상담론, 장애아 지도, 특수아동 이해, 어린이집 운영관리, 영유아보육 프로그램개발과 평가, 보육정책론, 정신건강론, 인간행동과 사회환경, 아동간호학, 아동영양학, 부모교육론, 가족복지론, 가족관계론, 지역사회복지론 중 4과목(12학점) 이상이며 총 13과목(39학점) 이상을 이수하도록 하고 있다.

3) 보육실무 영역

보육실무 영역은 아동 관찰 및 행동 연구와 보육실습 2과목(6학점)이다. 보육실습과목은 예비 보육교사로서 보육현장에서 교사의 역할을 미리 체험할 수 있도록 하여 현장적응능력을 길러주고 자신감을 키워준다는 점에서 매우 중요하다. 보육실습은 3학점 이상 이수하되 현장실습과 함께 보육실습의 내용과 방법 등에 대한 이론수업을 대학에서 병행하도록 되어 있다. 보육실습의 경우, 성적이 80점(B학점) 이상일 때만 인정된다.

3 실 습

1) 유치원교사

(1) 교육실습의 목적

교육실습은 교직을 희망하는 학생이 대학의 지도교수와 실습 유치원 지도교사의 지도를 받으며, 실제 교육현장에서 일정 기간 동안 교사로서의 경험을 해보는 훈련과정이자 교사양성 교육과정 중에서 가장 핵심적인 과정이다.

실습을 통해 예비교사들은 대학에서 배운 이론과 실제를 교육현장에 직접적용해 볼 수 있는 기회를 갖게 될 뿐만 아니라 교수-학습 방법, 대인관계, 행정적·사무적 교사역할에 대한 실무적 지식과 구체적인 기술, 태도 등을 직접 경험하고 배울 수 있다. 우리나라는 교사 자격 취득 요건 중 교육실습을 반드시 이수해야 하는 핵심 필수 교과목으로 규정하고 있다.

교육실습의 목적을 정리하여 제시하면 다음과 같다(최애경 외, 2016).

- 대학에서 배운 이론과 실제를 직접 교육현장에서 경험하고, 적용해 보는 기회를 가질 수 있다.

- 유아의 발달 단계와 특성에 대한 관찰을 통해 발달에 적합한 교육 내용 선정 및 조직, 적절한 지도 방법 등 교육하는 데 필요한 구체적이고 실제적인 기술을 배울 수 있다.
- 학급운영 및 행정적·사무적 측면의 폭넓은 교사역할에 대해 경험할 수 있다.
- 유아교육에 대한 이해도를 높이고, 교사로서 갖추어야 할 교직관과 교육자다운 태도를 배울 수 있다.
- 유아교육기관의 다양한 물리적 환경(교실 내 환경, 바깥놀이시설 등)과 인적 환경(유아, 교직원, 학부모 등)을 경험해 볼 수 있다.
- 교사가 직면하는 다양한 문제들을 최선의 방향으로 의사결정을 해보는 연습기회를 가질 수 있다.
- 이 모든 것을 배우고 경험해 봄으로써, 교사로서의 자질과 능력을 갖추고 있는지 확인해 보는 기회로 활용할 수 있다.

(2) 교육실습 교과목 및 학점당 기준시간

교육실습은 대학에서 학교현장실습이라는 교과목으로 이수하도록 규정되어 있다. 학교현장실습은 대학에서 교육실습 이론교육을 이수한 후 유치원에서 실시하는 교육실습을 말한다.

학점은 2학점 이상으로 이수하며 전일제로 실시하는 경우 1학점당 2주로 하고 실습기간 중에 공휴일 등이 포함되어도 상관없다. 다만 실습기간이 연속되지 않은 학교현장실습은 1학점당 80시간 이상을 기준으로 한다.

(3) 교육실습기관 선정

학교현장실습은 필히 취득하고자 하는 교사 자격증에 해당하는 학교급에서 실시해야 한다. 유치원교사 자격증 취득을 위해서는 유아교육법 제2조 제2호에 따른 유치원에서의 실습만 학교현장실습으로 인정한다. 영유아보육법에 의한 보육시설에서는 학교현장실습이 불가능하다.

학교현장실습 대상 유치원 선정은 실습대상 인원 및 협력 유치원의 규모, 교육적 관점 등을 고려하고, 실습생이 실제 수업과 실무를 충분히 경험할 수 있을지 등을 종합적으로 검토해야 한다.

(4) 교육실습 시기

교육실습 중 학교현장실습의 실시 학년 및 시기 등은 특별히 규정되어 있지 않다. 대학에서 자율적으로 결정하면 되고, 유치원의 방학기간 중 실습은 대학과 유치원의 협의에 따라 실시가 가능하다.

교육실습 관련 세부기준을 정리하여 제시하면 표 4.4와 같다.

표 4.4 교육실습 세부기준

구분	교육실습 세부기준 내용
교과목	• 학교현장실습 교과목으로 이수함 • 학점은 2학점 이상으로 이수함
실습기준 시간	• 전일제로 연속적으로 실시하는 경우 1학점당 2주, 2학점은 4주를 기준으로 함 • 실습기간 중 공휴일 등이 포함되어도 무방함 • 실습기간이 연속되지 않은 실습은 1학점당 80시간 이상을 기준으로 함

2) 보육교사

(1) 보육실습의 목적

보육실습의 목적은 보육교사 자격증을 취득하기 위한 핵심 필수 과목이며 양성교육기관에서 배운 이론과 지식을 현장에서 실제 적용해 보는 핵심적 과정이라고 규정하고 있다. 지침에 따라 보육실습의 목적을 제시하면 다음과 같다(한국보육진흥원, 2013).

- 보육의 철학과 목적 및 목표에 대한 생각을 발전시킨다.
- 실제 경험을 토대로 영유아에 대한 심화된 이해를 한다.
- 연령과 발달수준에 적합한 구체적인 보육내용, 놀이중심의 상호작용, 영유아의 흥미를 고려한 효과적인 교수법 등을 관찰하고 직접 수행해 본다.
- 실습기관 실내·외의 환경구성 및 자료의 적절한 활용을 경험한다.
- 보육교사의 전문적 역할과 책임, 태도를 직접 경험한다.
- 보육실습생 스스로 보육교사로서의 자질을 파악하고, 전문성을 향상시키기 위한 노력을 하며, 향후 진로를 탐색한다.
- 보육실습기관과 지역사회, 부모 간 연계를 경험하고, 어린이집 내 조직문화 등을 이해한다.

(2) 보육실습 교과목 및 학점기준

보육실습은 보육시습 교과목으로 이수하는 것을 원칙으로 하며 이론 수업과 현장실습으로 이뤄져야 한다. 성적증명서를 통하여 교과목 확인이 가능해야 한다. 다만, 교과목 명칭이 다르더라도 유아 교과목(보육현장실습, 교육실습 등) 인정범위 내의 과목을 이수한 경우, 보육실습기관 및 실습기간이 조건을 충족 시에 보육실습으로 인정한다.

보육실습 교과목은 3학점(보육교사 3급 자격기준 보육실습은 4학점)으로 이수하여야 하며, 평가 점수가 80점(B학점) 이상인 경우에만 보육실습을 이수한 것으로 인정한다.

(3) 보육실습기관 및 지도교사

보육실습은 다음과 같은 기관에서 필히 실시해야 한다(최애경 외, 2016).

- 법적으로 인가받은 정원 15인 이상으로 평가인증을 유지하는 어린이집
- 교육과정과 방과 후 과정을 운영하는 유치원

법적기준에 대한 충족은 물론 실습기관 선정 시 평가인증을 받은 어린이집, 질적 수준이 높다고 판단되는 어린이집, 실습생 지도에 최선을 다하는 어린이집 등 실습생들이 좀 더 우수한 곳에서 실습을 경험할 수 있도록 실습기관 선정에 신중을 기하도록 한다. 실습지도는 보육교사 1급 또는 유치원정교사 1급 자격증을 가진 교사가 지도해야 한다. 이 경우 실습지도교사 1명당 보육실습생은 3명 이내로 한다.

(4) 보육실습 이수시기 및 기간

보육실습은 보육실습 교과목이 개설된 학기 중(직전 및 직후 방학 포함)에 반드시 해야 하며, 일상적인 보육이 이루어지는 3~6월, 9~11월에 실습을 하는 것이 바람직하다.

보육교사의 보육현장 적응력을 높이기 위해 실습기간은 연속적으로 월~금요일(6주 240시간 이상)이어야 한다(2회에 분할 실시 가능). 실습 인정시간은 오전 9시부터 오후 7시 사이의 보육실습기관 운영 중에 1일 8시간 동안 하는 것이 원칙이다. 그리고 평가인증을 유지한 어린이집에서 실습이 진행되어야 한다.

보육실습평가서는 표 4.5와 같고, 보육실습확인서는 표 4.6과 같다.

표 4.5 보육실습평가서

보육실습평가서

성　　　명 :
주민등록번호 :
보육실습 기관명 :
보육실습기간: 20　년　월　일 ~ 20　년　월　일

평가 영역(배점)	평가항목		배점	점수
근무태도와 자질 (20점)	근무사항	출석, 결석, 지각, 조퇴 등	5	
	태도	성실성, 근면성, 친절, 적극성, 복장 및 용모, 예절	5	
	자질	영유아 존중, 책임감, 인성, 열의	5	
	관계 형성	실습지도교사와의 관계 동료 실습생과의 관계	5	
보육활동 계획과 실행 (30점)	보육활동 계획	영역별, 반일(일일)보육활동 계획의 적합성과 충실한 준비	15	
	보육활동 실행	영역별, 반일(일일)보육활동의 효과적이고 적절한 실행 정도	15	
예비 보육교사로서 역할수행 (30점)	영유아행동 및 놀이 관찰, 보육환경 관찰		5	
	보육일과 진행 보조와 일상생활 지도		10	
	영유아와의 상호작용과 놀이 참여		15	
보육실습일지 작성 (10점)	구체적이고 충실한 보육실습일지 작성과 일일 자기평가 및 지도교사 평가 반영		10	
총평(10점)	실습기간 동안 예비 보육교사로서 향상 정도		10	
총 점			100	

20　년 월　일

보육실습 지도교사:　　　　(인)
어린이집 원　　장:　　　　(인)

표 4.6 보육실습확인서

보육실습확인서

1. 실습이수자 기본사항

이름	주민등록번호	양성교육기관명

2. 실습기관

실습기관명		실습기관 보육정원	
기관종류		최초인가일	
주 소			
연락처			

3. 실습지도교사

이름	자격종류	자격번호

4. 실습기간

실습기간	년 월 일 ~ 년 월 일
실습시간	총 시간(매주 요일 ~ 요일까지, 오전 시 ~ 오후 시)

위 사람은 영유아보육법 시행규칙 제12조 제1항에 의한 보육실습을 충실히 하였음을 확인합니다.

년 월 일

어린이집 원장 (서명 또는 인)

학과장 (서명 또는 인)

※ 첨부서류
1. 실습기관 시설인가증 사본 1부 2. 보육실습 지도교사 자격증 사본 1부

※ 어린이집 지원시스템을 통하여 보육실습확인서를 출력한 경우 첨부서류를 제출하지 않아도 됨(단, 유치원은 양성교육기관에서 양식제공)

※ 기관종류: 어린이집, 교육과정과 방과 후 과정을 운영하는 유치원 중 택일
자격종류: 보육교사 1급, 유치원정교사 1급 중 선택

생각의 나무

1. 유치원교사 양성과정을 이해하고 양성과정의 중요 내용에 대해 이야기를 나눠 봅시다.
2. 보육교사 양성과정을 이해하고 양성과정의 중요 내용에 대해 이야기를 나눠 봅시다.
3. 유치원교사 양성과정과 보육교사 양성과정의 차이점을 비교 · 설명해 봅시다.

CHAPTER 05

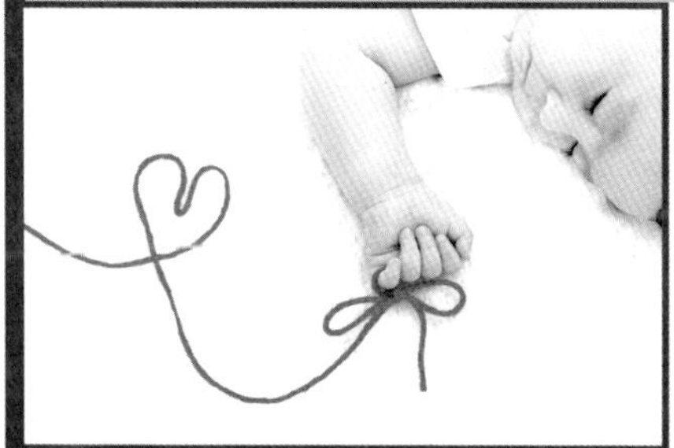

영유아교사의 자격, 임용과 연수

• 학습개요 •

영유아교사의 자격은 교육부 주관의 유치원교사, 보건복지부 주관의 보육교사로 구분되며, 특히 종별에 따라 자격기준이 다르다. 임용은 교육공무원법 제2조 제6항에 의거 신규 채용, 승진, 승급, 전직, 전보, 겸임, 파견, 강임, 휴직, 직위해제, 정직, 복직, 면직, 해임 및 파견 등을 말하고, 연수는 유치원교사 및 원감, 원장의 연수로 구분되며 직무연수와 자격연수, 일반연수로 나뉜다. 또 영유아보육법 시행규칙에 의거하여 보육교사 보수교육은 크게 직무교육과 승급교육으로 구분한다. 직무교육은 교육 대상에 따라 일반직무교육과 특수직무교육으로, 승급교육은 1급 보육교사 승급교육과 2급 보육교사 승급교육으로 나누어진다. 이 장에서는 영유아교사의 자격, 임용 및 연수의 세부내용에 대하여 살펴보고자 한다. 이 장의 학습목표는 다음과 같다.

• 학습목표 •

1. 영유아교사의 자격 기준 및 절차에 대하여 설명할 수 있다.
2. 영유아교사의 임용 기준 및 절차에 대하여 설명할 수 있다.
3. 영유아교사의 연수 유형 및 연수 기준에 대하여 설명할 수 있다.

1 영유아교사의 자격

1) 유치원교사

유치원에는 원장·원감·수석교사 및 교사를 포함한 촉탁의사, 영양사, 간호사 또는 간호조사, 행정직원 등의 직원이 포함된 교직원을 둘 수 있다. 유치원교원은 법적인 자격요건에 따라 원장, 원감, 수석교사, 교사(1급, 2급) 및 준교사로 나누어지며, 직무수행에 따라 부장교사, 교사로 구분한다. 또한 교육과정 운영상 필요한 경우에 강사, 기간제 교사 또는 명예교사 등을 두어 유아교육을 담당 또는 보조하게 할 수 있다.

(1) 유치원교원의 종별 자격과 자격기준

유치원교원의 종별 자격과 자격기준은 유아교육법에 명시되어 있으며, 이를 정리하여 제시하면 표 5.1과 같다.

표 5.1 유치원교원의 종별 자격과 자격기준

자격 / 종별	자격 기준
원장	1. 유치원의 원감 자격증을 가지고 3년 이상의 교육경력과 소정의 재교육을 받은 자 2. 학식·덕망이 높은 자로서 대통령령이 정하는 기준에 해당한다고 교육부장관의 인정을 받은 자
원감	1. 유치원정교사(1급) 자격증을 가지고 3년 이상의 교육경력과 소정의 재교육을 받은 자 2. 유치원정교사(2급) 자격증을 가지고 6년 이상의 교육경력과 소정의 재교육을 받은 자
수석교사	1. 유치원정교사 자격증을 소지한 자로서 15년 이상의 교육경력을 가지고 교수·연구에 우수한 자질과 능력을 가진 사람 중에서 대통령령으로 정하는 바에 따라 교육부장관이 정하는 연수 이수 결과를 바탕으로 검정·수여하는 자격증을 받은 자
정교사(1급)	1. 유치원정교사(2급) 자격증을 가진 자로서 3년 이상의 교육경력을 가지고 소정의 재교육을 받은 자 2. 유치원정교사(2급) 자격증을 가지고 교육대학원 또는 교육부장관이 지정하는 대학원의 교육과에서 유치원교육과정을 전공하여 석사학위를 받은 자로서 1년 이상의 교육 경력이 있는 자

(계 속)

자격 / 종별	자격 기준
정교사 (2급)	1. 대학에 설치하는 유아교육과 졸업자 2. 대학(전문대학 및 이와 동등 이상의 각종 학교와 평생교육법 제31조 제4항에 따른 전문대학 학력 인정 평생교육시설을 포함한다.) 졸업자로서 재학 중 소정의 보육과 교직 학점을 취득한 자 3. 교육대학원 또는 교육부장관이 지정하는 대학원의 교육과에서 유치원교육과정을 전공하고 석사 학위를 받은 자 4. 유치원준교사 자격증을 가진 자로서 2년 이상의 교육경력을 가지고 소정의 재교육을 받은 자
준교사	1. 유치원준교사 자격 검정에 합격한 자

「비고」
1. 원장 · 원감, 초 · 중등교육법의 규정에 의한 교장 · 교감, 교육장 · 장학관 · 장학사 · 교육연구관 · 교육연구사의 경력연수는 교육경력연수로 볼 수 있다.
2. 이 표 중에서 전문대학에는 종전의 초급대학 · 전문학교 및 실업고등전문학교를 포함한다.

출처: 유아교육법 제22조 별표 1, 2〈개정 2013.3.23.〉.

(2) 유치원교원의 배치기준

유치원교원의 정원·배치 등에 대하여 필요한 사항은 대통령령으로 정하고 있으며, 이를 정리하여 제시하면 표 5.2와 같다.

표 5.2 유치원교원의 배치기준

구분	배치기준	비고
원장	유치원별로 1명씩 배치	2학급 이하의 경우, 원장 및 원감이 학급담당 가능
원감	3학급 이상 1명	
수석교사	유치원별로 1명씩 배치 수석교사는 학급을 담당하지 않지만, 유치원 규모 등 유치원 여건에 따라 학급담당 가능	유아 수가 100명 이하인 유치원 또는 학급 수가 4학급 이하인 유치원에는 수석교사를 두지 않을 수 있음
보직교사	3학급 이상 ~ 5학급 이하: 1명 6학급 이상 ~ 11학급 이하: 2명 12학급 이상: 3명	11학급 이하의 교육부 지정 연구학교의 경우, 보직교사 1명 추가 배치 가능
교사	학급마다 교사 1명 배치	방과 후 과정을 운영하는 유치원의 경우, 방과 후 과정 운영담당 교사를 1명 이상 배치

출처: 유아교육법 시행령 제23조, 제23조의 2〈개정 2013.3.23.〉.

2) 보육교사

어린이집에는 영유아의 보육·건강관리 및 보호자의 상담, 그 밖에 어린이집의 관리·운영 등의 업무를 담당하는 원장, 보육교사, 특수교사, 치료사, 간호사, 영양사, 취사원 등의 보육교직원이 있다. 보육활동에 직접적으로 관련되는 원장과 보육교사의 자격기준을 정리하여 제시하면 다음과 같다.

(1) 어린이집 원장

영유아보육법 시행령 제21조 별표 1에 의하면 어린이집 원장은 보건복지부장관이 검정·수여하는 국가자격증을 받은 자이어야 하며, 보건복지부령으로 정하는 사전 직무교육을 반드시 이수해야 한다. 어린이집 원장의 종별 자격기준은 다음 표 5.3과 같다.

표 5.3 어린이집 원장의 종별 자격기준

종별 \ 자격	자격 기준
일반기준 (300인 이하 어린이집)	1. 보육교사 1급 자격을 취득한 후 3년 이상의 보육 등 아동복지업무 경력이 있는 사람 2. 유아교육법에 의해 유치원정교사 1급 자격을 취득한 후, 3년 이상의 보육 등 아동복지업무 경력이 있는 사람 3. 유치원 원장의 자격을 가진 사람 4. 초·중등교육법에 의한 초등학교정교사 자격을 취득한 후 5년 이상의 보육 등 아동복지업무 경력이 있는 자 5. 사회복지사업법에 따른 사회복지사 1급 자격을 취득한 후, 5년 이상의 보육 등 아동복지업무 경력이 있는 자 6. 의료법에 의한 간호사 면허를 취득한 후 7년 이상의 보육 등 아동복지업무 경력이 있는 자 7. 국가 또는 지방자치단체에서 7급 이상의 공무원으로 보육 등 아동복지업무에 5년 이상 근무한 경력이 있는 자

(계 속)

자격 종별	자격 기준
가정 어린이집 (5인 이상 20인 이하 어린이집)	1. 일반기준에서 정한 자격을 갖춘 사람 2. 보육교사 1급 이상의 자격을 취득한 후 1년 이상의 보육업무 경력이 있는 사람
영아전담 어린이집 (만 3세 미만 영아만 20명 이상 보육)	1. 일반기준에서 정한 자격을 갖춘 사람 2. 간호사 면허를 취득한 후 5년 이상의 아동간호업무경력이 있는 사람
장애아 전문 어린이집 (장애 영유아만을 12명 이상 보육)	1. 일반기준에서 정한 자격을 갖춘 사람으로서 대학(전문대학 포함)에서 장애인 복지 및 재활 관련 학과를 전공한 사람 2. 일반기준에서 정한 자격을 갖춘 사람으로서 장애영유아 어린이집에서 2년 이상의 보육업무 경력이 있는 사람
고등교육법에 따른 대학(전문대학 포함) 또는 교육훈련시설이 운영(위탁 또는 부설 운영을 말함)하는 어린이집	1. 일반기준에서 정한 자격을 갖춘 사람 2. 어린이집을 운영하는 대학의 조교수 또는 교육훈련시설의 전임교수 이상으로서 보육 관련 교과목에 대하여 3년 이상의 교육경력이 있는 사람

출처: 영유아보육법 시행령 제21조 별표 1〈개정 2014.12.30.〉.

(2) 보육교사

보육교사는 영유아보육법 시행령 제21조에 의거 보육교사 1급, 보육교사 2급, 보육교사 3급으로 구분된다. 보건복지부장관이 검정·수여하는 국가자격증을 발급받은 자는 어린이집에서 보육교사로 근무할 수 있으며, 보육교사의 등급별 자격기준은 표 5.4와 같다.

표 5.4 보육교사 등급별 자격기준

종별 \ 자격	자격 기준
보육교사 1급	1. 보육교사 2급 자격을 취득한 후 3년 이상의 보육업무 경력이 있는 사람으로서 보건복지부장관이 정하는 승급교육을 받은 사람 2. 보육교사 2급 자격을 취득한 후 보육 관련 대학원에서 석사학위 이상을 취득하고 1년 이상의 보육업무 경력이 있는 사람으로서 보건복지부장관이 정하는 승급교육을 받은 사람
보육교사 2급	1. 전문대학 또는 이와 같은 수준 이상의 학교에서 보건복지부령으로 정하는 보육 관련 교과목 및 학점을 이수하고 졸업한 사람 2. 보육교사 3급 자격을 취득한 후 2년 이상의 보육업무 경력이 있는 사람으로서 보건복지부장관이 정하는 승급교육을 받은 사람
보육교사 3급	고등학교 또는 이와 같은 수순 이상의 학교를 졸업한 사람으로서 보건복지부령으로 정하는 교육훈련시설에서 정해진 교육과정을 수료한 사람

출처: 영유아보육법 시행령 제21조 별표 1〈개정 2014.12.30.〉.

(3) 보육교직원의 배치기준

보육교직원 및 그 밖의 인력의 배치기준 등에 필요한 사항은 보건복지부령에서 정하고 있으며, 이를 정리하면 표 5.5와 같다.

표 5.5 보육교직원의 배치기준

구분	배치기준		비고
원장	원장 1명		영유아 20명 이하를 보육하는 어린이집의 경우, 원장이 보육교사를 겸임할 수 있음 정원 21~39인 어린이집의 경우 시장·군수·구청장이 특례(도서·벽지·농어촌 지역에 있는 어린이집으로서 교사 수급이 어렵다고 인정되는 경우)를 인정할 경우 원장이 보육교사를 겸임할 수 있음
보육교사	만 1세 미만	영아 3명당 1명	
	만 1세 이상~ 만 2세 미만	영아 5명당 1명	
	만 2세 이상~ 만 3세 미만	영아 7명당 1명	
	만 3세 이상~ 만 4세 미만	유아 15명당 1명	

(계 속)

<table>
<tr><th>구분</th><th colspan="2">배치기준</th><th>비고</th></tr>
<tr><td rowspan="3">보육교사</td><td>만 4세 이상~
미취학 유아</td><td>유아 20명당 1명</td><td>유아 40명당 1명은 보육교사 1급 자격 소지자</td></tr>
<tr><td>취학아동</td><td>20명당 1명</td><td></td></tr>
<tr><td>장애아보육</td><td>장애아 3명당 1명</td><td>장애아 9명당 1명은 특수교사 자격소지자</td></tr>
<tr><td>보조교사</td><td colspan="2">어린이집에는 보육교사의 업무부담을 경감할 수 있도록 보조교사 등을 둠</td><td></td></tr>
<tr><td>대체교사</td><td colspan="2">휴가 또는 보수교육 등으로 보육교사의 업무에 공백이 생기는 경우에는 이를 대체할 수 있는 대체교사를 배치함</td><td></td></tr>
<tr><td>간호사
(간호조무사)</td><td colspan="2">영유아 100명 이상을 보육하는 어린이집의 경우 간호사(간호조무사 포함) 1명</td><td>원장이 겸직 가능(자격증 소지자)</td></tr>
<tr><td>영양사</td><td colspan="2">영유아 100명 이상을 보육하는 어린이집의 경우 1명</td><td>원장이 겸직 가능(자격증 소지자)
어린이집 단독으로 영양사를 두기 곤란할 때는 동일 시 · 군 · 구의 5개 내의 어린이집이 공동으로 영양사를 둘 수 있음</td></tr>
<tr><td>조리원</td><td colspan="2">영유아 40명 이상 80명 이하를 보육하는 어린이집의 경우 1명</td><td>영유아 80명 이상을 초과할 때마다 1명씩 증원</td></tr>
<tr><td>그 밖의
보육교직원</td><td colspan="2">어린이집의 규모와 특성에 따라 의사(또는 촉탁의사), 사회복지사, 사무원, 관리인, 위생원, 운전기사, 치료사 등의 보육교직원을 추가적으로 배치할 수 있음</td><td></td></tr>
</table>

출처: 보건복지부(2018). 2018년도 보육사업 안내.

2 영유아교사의 임용

교육공무원법 제2조 제6항에 의하면, 임용이란 일반적으로 교직원의 신규 채용, 승진, 승급, 전직, 전보, 겸임, 파견, 강임, 휴직, 직위해제, 정직, 복직, 면직, 해임 및 파견 등을 말한다.

1) 유치원교사

국공립유치원교원과 사립유치원교원의 임용으로 구분할 수 있다. 공립유치원교원의 임용은 교육공무원법 제10조 임용의 원칙에 따라 그 자격, 재교육성적, 근무성적, 그 밖에 실제 증명되는 능력에 의하여 자격을 갖추고 임용을 원하는 모든 사람에게 능력에 따른 균등한 임용의 기회가 보장된다. 교육공무원법 제11조에 따라 교사의 신규 채용은 공개 전형으로 이루어진다.

사립유치원교원의 임용은 사립학교법 제53조 2에 따라 법인이 설립한 경우는 원장의 제청으로 이사회 의결을 거쳐야 하고, 개인이 설립한 경우는 원장의 제청에 의해 임용된다. 사립학교법 제54조에 의하면 교원 임용권자는 교원을 임용했을 때에 임용한 날로부터 7일 이내에 관할교육청에 보고해야 한다.

유치원교사의 임용과정을 정리하여 제시하면 표 5.6과 같다.

표 5.6 유치원교사의 임용과정

①채용	• 임용권자 – 국공립유치원: 국가 – 사립유치원: 사립학교법에 근거한 경영자 또는 원장 • 채용 방법 – 국공립유치원: 공개전형(임용후보자 경쟁시험: 필기, 실기, 면접 시험 등의 방법 – 사립유치원: 유치원 자체적인 선발규정(대학 관련 학과의 교수추천 및 소개, 교육실습, 재직 교직원의 추천, 인터넷 등의 매체를 통한 채용공고 등)
②선발	• 국공립유치원: 공개전형(필기, 실기, 면접 시험 등의 방법) • 사립유치원: 서류심사(이력서 및 자기소개서) 및 면접
③신원조사 의뢰	유치원→교육청→경찰청→회신 받음→교육청에서 유치원으로
④채용 확정	결격사유 없을 시 채용 확정
⑤임용보고	• 임용보고 절차 – 국공립유치원: 교육감은 유치원교사 신규 임용후보자 선정 경쟁시험에 합격된 자를 수급상화에 따라 지역교육청에 배정하고 교육장이 임용함 – 사립유치원: 관할 교육청 • 임용보고 시 구비서류 – 교사: 인사기록카드, 교원자격증 사본, 최종학력 증명서, 주민등록 등본, 호적 등본, 채용신체검사서, 신원진술서, 신원조사회보서, 경력증명서(경력자에 한함) – 원장: 인사기록카드, 교원자격증 사본, 이력서, 주민등록등본, 호적등본, 채용신체검사서, 신원진술서, 신원조사회보서, 경력증명서(경력자에 한함)
⑥인사기록 등재	• 인사기록카드 및 발령대장에 기록 · 보관 • 수기된 인사기록카드를 교육행정정보시스템(NEIS)에 전산입력 관리
참고사항 (임용 관련 용어)	• 신규 채용: 행정조직에 결원이 생겼을 때 행정조직 바깥에서 사람을 신규로 선발하는 것 • 승진: 직위의 등급이나 계급이 오르는 것을 말하며, 봉급이나 급료, 자격기준 등이 오르는 것으로 교육공무원의 승진임용은 같은 종류의 직무에 종사하는 바로 아래 직급의 사람 중에서 대통령령으로 정하는 바에 따라 경력평정, 재교육성적, 근무성적, 그 밖에 실제 증명되는 능력에 의해 이루어지는 것 • 전직: 교육공무원의 종류와 자격을 달리하여 임용하는 것 • 전보: 교육공무원을 같은 직위 및 자격에서 근무기관이나 부서를 달리하여 임용하는 것 • 강임: 같은 종류의 직무에서 하위직무에 임용하는 것 • 복직: 휴직, 직위해제 또는 정직 중에 있는 교육공무원을 직위에 복귀시키는 것

2) 보육교사

보육교직원의 임용은 영유아보육법 시행규칙 제10조 별표 2의 보육교직원의 배치기준에 따른 자격을 갖춘 사람을 대상으로 한다. 보육교직원의 임용은 공개경쟁을 원칙으로 하며, 서류심사와 면접 등의 객관적이고 공정한 과정을 통해 이루어진다.

보육교직원의 임용에 대한 과정을 제시하면 다음 표 5.7과 같다.

표 5.7 보육교직원 임용 과정

구분	원장	보육교사 등 그 밖의 보육교직원
임면권자	• 국공립 어린이집: 시 · 군 · 구청장 • 법인 · 직장 · 민간 어린이집: 어린이집 설치자 • 협동 어린이집: 조합을 설치 · 운영하는 대표자	원장의 제청으로 법인이나 단체의 대표자 또는 어린이집 설치자(수탁자 포함)
채용조건 및 채용 방법	• 신규 채용의 경우 무자격자는 채용할 수 없음 • 유자격자인 경우에도 상근이 어려운 경우에는 채용대상에서 제외함 • 행정기관, 민간단체 등에서 명예직 복수신분을 가지고 있는 자는 제외함	• 공개경쟁 채용을 원칙으로 함 • 공립 어린이집의 경우 시 · 도지사 또는 시 · 군 · 구청장이 보육교사를 채용한 후 배치할 수 있음
비고	어린이집 설치자가 종사자 임면권을 수탁자에게 위임한 경우에는 수탁자가 임면한다. 단, 수탁 운영자에게 종사자 임면권이 위임된 경우라 할지라도 근로기준법 등에서 규정한 고용승계 등 종사자의 신분을 철저히 보장해야 함	졸업예정자에 대한 특례: 대학 또는 전문대학의 졸업예정자는 졸업예정증명서를 제출받아 보육교직원(원장 제외)으로 채용할 수 있음(단, 2개월 이내에 졸업증명서를 사후에 제출하여야 함)

출처: 보건복지부(2018). 2018년도 보육사업 안내.

3 영유아교사의 연수

1) 유치원교사의 직무 및 자격연수

유치원교사 및 원감, 원장의 연수는 직무연수와 자격연수, 일반연수로 구분한다. 교원 등의 연수에 관한 규정 제7조 별표 1에 의거 자격연수는 상급자격을 취득하기 위한 것으로 정교사 1급, 정교사 2급, 준교사, 원감의 경우 15일 이상, 90시간 이상으로 구성되며, 원장의 경우 25일 이상,

180시간 이상으로 구성된다. 또한 직무연수는 직무수행과 직업능력 배양과 자질 함양을 위한 연수로, 신규 직무연수는 180시간 이상, 교사 직무연수 및 특수 직무 연수는 연간 15시간 이상을 의무로 한다. 한편, 일반연수는 교육의 이론과 방법 등 유아교육 관련 내용 이외에도 일반교양 등을 교육하며 10일 이상, 60시간 이상으로 이루어진다.

또한 유치원교사들은 유아교육진흥원이나 유아교육 관련 학회, 한국사립학교유치원연합회 등 유아교육단체에서 실시하는 각종 세미나·워크숍·발표회 등을 통해서도 재교육을 받을 수 있다.

유치원교사의 직무 및 자격연수의 기준을 제시하면 표 5.8과 같다.

표 5.8 유아원교사의 직무 및 자격연수 기준

교육 구분		대상	교육시간	비고
직무연수	신규 직무연수	신규 임용교사(초임교사)	180시간 이상	임용 전 연수
	교사 직무연수 특수 직무연수	모든 교원 및 교육전문직	연간 15시간 이상 의무	이수하고자 하는 자
자격연수	원장 자격연수	• 유치원의 원감 자격증을 가지고 3년 이상의 교육경력과 소정의 재교육을 받은 자 • 학식·덕망이 높은 자로서 대통령이 정하는 기준에 해당한다고 교육부장관의 인정을 받은 자	25일 이상 (180시간 이상)	교육청 내 순서가 된 자
	원감 자격연수	• 유치원정교사(1급) 자격증을 가지고 3년 이상의 교육경력과 소정의 재교육을 받은 자 • 유치원정교사(2급) 자격증을 가지고 6년 이상의 교유경력과 소정의 재교육을 받은 자	15일 이상 (90시간 이상)	교육청 내 순서가 된 자
	1급 정교사 자격연수	• 유치원정교사(2급) 자격증을 가진 자로서 3년 이상의 교육경력을 가지고 소정의 재교육을 받은 자 • 유치원정교사(2급) 자격증을 가지고 교육대학원 또는 교육부장관이 지정하는 대학원의 교육과에서 유치원교육과정을 전공하여 석사학위를 받은 자로서 1년 이상의 교육경력이 있는 자	30일 이상 (180시간 이상)	교육청 내 순서가 된 자

출처: 법제처(2013). 유아교육법 시행규칙.

2) 보육교직원의 보수교육

영유아보육법 시행규칙 제20조 제4항 별표 7에 의하면 보수교육은 크게 직무교육과 승급교육으로 구분된다. 직무교육은 교육 대상에 따라 일반직무교육과 특수직무교육으로, 승급교육은 1급 보육교사 승급교육과 2급 보육교사 승급교육으로 나누어진다.

보육교직원의 보수교육 과정을 제시하면 표 5.9와 같다.

표 5.9 보육교직원의 보수교육

구분			교육대상	교육시간	비고
직무교육	일반직무교육	보육교사 과정	현직에 종사하고 있는 보육교사로서 보육업무경력이 만 2년이 지난 사람과 보육교사 직무교육(승급교육을 포함한다)을 받은 해부터 만 2년이 지난 사람	40시간	매 3년마다
		어린이집 원장과정	현직에 종사하고 있는 어린이집 원장으로서 어린이집 원장의 직무를 담당하는 첫 해에 해당하는 사람과 어린이집 원장 직무교육을 받은 해부터 만 2년이 지난 사람	40시간	원장 첫해
	특별직무교육	영아보육	영아보육을 담당하고 있는 일반직무교육 대상자와 영아보육을 담당하려는 보육교사 및 어린이집의 원장	40시간	이수하고자 하는 자
		장애아 보육	장애아보육을 담당하고 있는 일반직무교육 대상자와 장애아보육을 담당하려는 보육교사 및 어린이집의 원장	40시간	이수하고자 하는 자
		방과 후 보육	방과 후 보육을 담당하고 있는 일반직무교육 대상자와 방과 후 보육을 담당하려는 보육교사 및 어린이집의 원장	40시간	이수하고자 하는 자
승급교육	2급 보육교사 승급교육		3급 보육교사 자격 취득 후 보육업무경력이 만 1년이 지난 사람	80시간	이수하고자 하는 자
	1급 보육교사 승급교육		2급 보육교사 자격 취득 후 보육업무경력이 만 2년 이상이 경과한 사람. 다만, 보육교사 2급 자격을 취득한 후 보육 관련 대학원에서 석사학위 이상을 취득한 경우는 보육업무경력이 만 6개월이 지난 사람	80시간	이수하고자 하는 자

출처: 영유아보육법 시행규칙 제20조 제4항 별표 7〈개정 2015.9.18.〉

생각의 나무

1. 영유아교사의 자격 기준 및 절차의 타당성에 대하여 토론해 봅시다.

2. 영유아교사의 임용 기준 및 절차에서 유의할 점이 무엇인지 생각해 봅시다.

3. 영유아교사의 연수 유형 및 연수 기준에 대하여 이해하고 설명해 봅시다.

CHAPTER
06

영유아교사의 발달과 성장

• 학습개요 •

인간이 태어나고, 자라고, 늙어가는 것처럼 영유아교사도 교직으로의 입문과정을 거쳐 성장하고 발달하고 퇴보하기도 한다. 그렇다면, 교사의 발달과 성장은 어떠한 과정을 거치는가? 이러한 교사발달 단계 이론들로부터 예비교사들은 무엇을 배울 수 있는가? 이러한 질문들에 대해 진지하게 생각해 보면서, 먼저 교사발달의 의미를 살펴보고, 그 다음으로 다양한 관점에서의 발달 단계 이론과 그에 따른 관심사를 살펴보고자 한다. 이렇게 함으로써 예비 영유아교사들에게 교사로서의 삶을 총체적으로 살펴볼 수 있는 기회를 제공할 수 있을 것으로 기대한다. 또한 이 장의 내용은 예비 영유아교사들이 교사발달 관점을 이해하게 됨으로써 교사로서의 성장과 발달을 위한 목표를 정하고 미래를 설계하는 데 도움이 될 것이다. 이 장의 학습목표는 다음과 같다.

• 학습목표 •

1. 풀러(Fuller)의 관심사발달 단계를 설명할 수 있다.
2. 카츠(Katz)의 관심사발달 단계를 설명할 수 있다.
3. 버크(Burke)와 그 동료들의 발달 단계 이론을 설명할 수 있다.

인간이 태어나고, 자라고, 늙어가는 것처럼 영유아교사도 교직으로의 입문과정을 거쳐 성장하고 발달하고 퇴보하기도 한다. 그렇다면, 교사의 발달과 성장은 어떠한 과정을 거치는가? 이러한 교사발달 단계 이론들로부터 예비교사들은 무엇을 배울 수 있는가? 이러한 질문들에 대해 진지하게 생각해 보면서, 먼저 교사발달의 의미를 살펴보고, 그 다음으로 다양한 관점에서의 발달 단계 이론과 그에 따른 관심사를 살펴보고자 한다. 이렇게 함으로써 예비 영유아교사들에게 교사로서의 삶을 총체적으로 살펴볼 수 있는 기회를 제공할 수 있을 것으로 기대한다. 또한 이 장의 내용은 예비 영유아교사들이 교사발달 관점을 이해하게 됨으로써 교사로서의 성장과 발달을 위한 목표를 정하고 미래를 설계하는 데 도움이 될 것이다.

1 교사발달의 의미

교사발달이라는 개념은 인간이 태어나서 죽을 때까지 성장·발달·퇴보하는 것처럼 교사도 교사양성과정에 입문하면서부터 시작하여 교직생활 전체를 통하여 계속적으로 성장·발달·퇴보한다는 생각에 뿌리를 두고 있다. '교사발달' 개념에 대한 정의는 학자에 따라 다소 차이가 있으나 "교직의 전 기간을 통해 교직과 관련된 지식, 기능, 태도 및 전망에 있어서의 변화(이은화 외, 1995)" 또는 "교직 이전 시기를 포함하여 교직을 수행하는 동안 교사의 지식, 기술, 행동 및 태도, 기대, 그리고 직업의 변화·발전·퇴보하는 것(노길영, 2000)"을 의미한다. 개인으로서의 생애발달처럼 교직 전 기간에 걸쳐 변화하는 교사의 발달에 관심을 갖는 학자들은 획일적이고 전통적인 교사교육보다는 교사로서의 개인별 성장과정,

그에 따른 관심의 변화, 개인차 등을 인정하는 발달적 관점을 교사교육에 적용함으로써 교사로서의 개인적 성장을 도와야 한다고 주장한다. 실제로 풀러(Fuller, 1969)나 카츠(Katz, 1985) 같은 학자들은 교사발달의 각 단계에서 나타나는 주요 관심사를 규명하였다.

카츠는 교사에 대한 발달적 관점은 교사 자신에게 학습을 강화할 수 있는 여러 방안을 제시해 준다는 데 의미가 있다고 보며, 교사교육의 중요성을 강조하였다(염지숙 외, 2014).

- 발달적 관점을 갖고 교사 자신이 스스로를 발달해 가고 있는 성장의 존재로 인식하는 것이 교사 자신에게 미래를 예측해 볼 수 있다. 즉, 발달적 관점은 교사가 발달 단계에 따른 전문적 목표를 설정하는 데 도움이 된다. 이러한 과정에서 교사는 자신이 교직생활을 위한 평생에 걸친 학습자임을 인식하게 되어 급진적인 발달보다는 점진적인 발달을 받아들이면서 만족감을 얻게 된다.
- 발달적 관점을 가짐으로써 교사들은 자기 성장의 가능성을 인식하여 자기 갱신(self-renewal)의 전략을 개발할 수 있다. 예를 들면, 독서하기, 동료들과 상의하기, 수업 향상을 위해 다양한 교수 자원을 활용하기, 교직관련 전문단체에 참여하기 등이 자기 갱신 전략이 될 수 있다.
- 발달적 관점을 취함으로써 동료 교사들의 행동을 발달적 관점으로 바라보고, 자신이 오래전에 겪었던 문제로 고민하고 있는 초임 이하 후배 교사들을 지지하고 격려하며, 정보를 제공해 주고, 전문적인 성장을 촉진시켜 주고자 하는 동기를 갖게 된다.

이처럼 교사발달에 대한 이해는 교사의 발달과 성장을 조력하고 촉진한다는 점에서 중요한 의미를 가진다. 교사로서 자신의 직업에 대한 발달적 이해를 하지 못한다는 것은 자신의 발달을 제대로 가꾸고 이끌어 내지 못하게 됨을 의미한다. 그러면 영유아의 성장과 발달을 향한 자신의 교수행위도 적합한 방향으로 이끌어 내지 못할 수도 있다. 따라서 교사의 발달 단계와 그 특성에 대한 이해를 통한 교사교육의 방향 및 방안을 제공할 수 있으며, 궁극적으로 교사의 발달을 촉진시킴으로써 교사의 질과 교육의 질을 향상시킬 수 있을 것이다.

2 영유아교사의 발달 단계

교사발달 이론과 교사발달에 따른 관심사 이론은 교사발달과 관심사를 보는 관점에 따라 직선적 · 순차적 이론과 순환적 · 복합적 이론으로 구분할 수 있다. 전자는 교사발달과 관심사가 한 방향으로 순서적으로 이동한다고 보는 견해이며, 후자는 복합적이고 역동적으로 움직인다고 보는 견해이다. 이 장에서는 직선적 · 순차적 이론으로 풀러(Fuller)와 카츠(Katz)의 이론을, 순환적 · 복합적 이론으로 버크(Burke)와 그 동료들의 이론을 제시하고자 한다(최애경 외, 2016).

1) 풀러(Fuller)의 관심사발달 단계

풀러는 예비교사와 현직교사를 대상으로 면담과 설문조사를 실시하고, 교사들의 관심사와 그들이 지각하고 있는 문제점에 대한 관련 문헌들을 분석하여 교사 관심사발달 단계를 교직 이전 단계, 초기 교직 단계, 후기 교직 단계 등 3단계로 제시하였다.

(1) 교직 이전 단계(pre-teaching phase)

영유아를 가르쳐 본 경험이 없는 예비교사들이 교사에게 요구되는 전문적인 기술과 능력을 갖추기 위해 교육을 받는 단계이다. 이 시기의 예비교사들은 가르치는 것에 대한 구체적인 관심이 없거나 막연하고 불확실하다. 예비교사들은 교육현장 실습을 통하여 영유아를 가르치는 경험을 함으로써 처음으로 가르치는 일에 대한 관심을 형성하게 된다. 그러므로 교사로서의 관심사를 발달시키기 위해서는 교육현장의 실습경험이 필수적이다.

(2) 초기 교직 단계(early teaching phase)

교직에 처음 입문한 교사들이 자신이 가르치는 영유아에 대한 관심보다는 교사 자신에 대한 관심에 집중하는 단계이다. 교실 통제나 자신이 가르칠 교육내용에 관심이 많은 것처럼 보이지만 사실은 자신이 교사로서 교육현장에서 생존할 수 있을 것인지 혹은 교실에서 발생하는 여러 상황을 통제하면서 제대로 교수활동을 할 수 있을지에 대한 관심이 더 높은 단계이다.

(3) 후기 교직 단계(late teaching phase)

초임교사와 달리 경험이 많은 교사들은 자기 자신에 대한 관심에서 벗어나 영유아의 발달과 성장에 대한 관심으로 옮겨간다. 영유아교사의 경우 자신이 담당하고 있는 영유아들의 교수-학습에 필요한 교수매체와 자료를 적절하게 지원하고 있는지, 효과적인 교수-학습 방법은 무엇인지, 영유아의 성장과 발달을 평가할 수 있는 방법은 무엇인지, 자신이 영유아에게 미치는 영향은 무엇인지 등에 대한 관심을 갖게 된다.

영유아의 발달과 교수행위에 대한 관심이 주를 이루는 이 시기에는 관련 세미나와 워크숍 등에 적극적으로 참여해 효과적인 교수-학습 방법과 영유아 평가에 대한 지식과 정보에 관심을 보이게 된다. 이는 교사로서의 가장 성숙한 관심사 단계에 해당되며, 다른 사람이 제공하는 정보나 자료뿐 아니라 교사 자신의 반성적 고찰과 자가 평가가 중요하게 작용하는 시기이다.

이 같은 풀러의 초기 관심사 이론은 계속 수정되면서 교직 이전 관심사, 생존에 대한 초기 관심사, 교수상황 관심사, 학생에 대한 관심사로 발전되었다(Fuller & Brown, 1975). 이를 정리하여 제시하면 표 6.1과 같다.

표 6.1 풀러의 교사 관심사 4단계

단계	내용
교직 이전 관심사 (pre-teaching concerns)	교직 이전 단계의 예비교사들은 영유아에 대해 관심을 가지고 현실적으로 접근하지만 교직을 환상적이고 이상적으로 바라보는 경향이 있어 교사에 대해 비판적 기준으로 엄격한 잣대를 갖고 있는 단계이다.
생존에 대한 초기 관심사 (early concerns about survival)	교직경험을 해나가게 되면서 이전의 교직에 대한 이상적인 관심사에서 벗어난 교사로, 자신의 생존에 관심을 갖게 되어 교수 방법, 업무내용, 평가 등에 관심을 보이는 단계이다.
교수상황 관심사 (teaching situation concerns)	교수상황에 대한 다양한 현실 앞에서 좌절과 한계를 느끼며, 이러한 상황에 대한 교사 자신의 교수행위에 관심을 갖는 단계이다.
학생에 대한 관심사 (concerns about pupils)	영유아의 개인적 요구, 발달, 교수-학습 압법 등에 관심을 가지면서 학생에 대한 공정한 대우, 개별 교수법 구성, 개인적 관계 및 상호작용 등에 관심을 갖게 된다.

풀러의 수정·보완된 교사발달의 관심사 단계는 일반적으로 초임교사가 경력이 많은 교사보다 자기 자신에 대한 자아 관심사를 더 많이 가지고 있으며, 자신에 대한 문제가 해결된 이후에는 자신이 맡고 있는 영유아들과 교수상황에 더 많은 관심을 보인다는 점을 명백히 시사하고 있다. 즉, 교직생활 과정에서 교사는 자신으로부터 조금씩 기관, 교수상

황, 영유아 등 주변 인물과 상황으로 관심이 점차 옮겨간다는 사실을 알 수 있다.

2) 카츠(Katz)의 교사발달 이론

카츠(Katz, 1972)는 풀러의 교사 관심사발달 이론의 기본개념을 확장하여 영유아교사의 발달 단계를 생존 단계, 강화 단계, 갱신 단계, 성숙 단계 등 4단계로 구분하여 제시하였다. 이 같은 카츠의 연구는 교직경험에 따른 영유아교사의 요구와 관심에 초점을 두고 각 단계에서 나타나는 특성, 훈련 요구, 적절한 훈련 시간과 장소 등을 제안하였다. 카츠는 교사발달의 각 단계를 교사경력에 따라 구분하였으나, 실질적으로는 교사 개인의 특성, 상황변인 등에 따라 발달 단계가 다르게 나타날 수도 있다는 유연성을 가지는 이론이다

카츠가 제시한 교사발달의 각 단계별 특성을 정리하여 제시하면 다음과 같다(염지숙 외, 2014).

(1) 생존 단계(survival stage)

교직생활의 시작에서 첫 1년 정도의 시기이다. 교사의 최대 관심은 교직생활에서 생존할 수 있을 것인가의 여부에 집중되어 있는 시기이다. 즉, 교사들은 현장에서 발생하는 여러 문제를 원활하게 해결할 수 있을지에 관심이 많다. 영유아들과 하루일과를 무사히 마칠 수 있을 것인가, 동료교사들이나 부모들과 원만한 대인관계를 형성할 수 있을 것인가, 내가 교사생활을 잘 해낼 수 있을 것인가 등 생존과 관련된 문제들을 염려하게 된다.

(2) 강화 단계(cosolidation stage)

첫 1년을 무사히 지내고 생존 단계를 넘어서면서 대부분의 교사들은 자기 자신을 교직생활에서 위기를 잘 극복하고 생존할 수 있는 능력이 있는 존재로 여기게 된다. 이는 주로 교직경력 3년 정도의 시기로서 교직생활에 안정과 자신감을 가지게 된다. 생존 단계에서 습득한 경험을 강화하며, 교사로서의 업무 및 기술을 숙달하게 되고, 개별 영유아의 특별한 문제 상황에 대한 관심을 가지기 시작한다. 즉, 분리불안이 있는 영유아를 어떻게 도울 것인지, 문제행동을 보이는 영유아를 어떻게 지도하는 것이 좋을지, 집단생활에 어려움이 있거나 또래들과의 활동을 방해하는 영유아를 도울 수 있는 방법이 무엇인지 등 영유아를 지도할 수 있는 구체적인 방안에 관심을 두게 된다. 그러므로 이 시기의 교사에게도 경험이 풍부한 선배나 경력교사, 전문가의 지원과 정보제공이 필요하다.

(3) 갱신 단계(renewal stage)

교직경력이 3년 혹은 4년이 지나면서 교사들은 반복되는 자신의 일상에 싫증을 느끼게 된다. 교사는 자신의 수업에서 주로 사용하는 교수-학습 방법을 되돌아보면서 개선해야 할 점이나 새로운 교육적 접근을 시도해 보고자 노력한다. 즉, 자신에게 익숙한 교육적 접근 외에 새로운 아이디어나 교수법을 찾게 되는 시기이다. 따라서 동료교사와의 만남, 수업참관, 동료장학, 전문적 모임 참석, 자신의 수업분석 등 다양한 노력을 통해 자기 발전을 이루어 나간다.

(4) 성숙 단계(maturity stage)

성숙 단계는 빠르면 교직경력이 3년 정도되었을 때 도달하기도 하지만 보통 경력 5년 이상이 되었을 때 도달하게 된다. 이 단계의 교사는 자신을 성숙한 교사로 인식하며 완전한 자신감을 갖게 된다. 그러므로 일상적인 관심에서 벗어나 좀 더 근원적인 고민을 하게 되는 시기이다. 예를 들면, 나의 교육철학과 교육적 신념은 무엇인지, 영유아교사로서 자신이 가지고 있는 아동관은 무엇인지, 영유아의 성장과 발달의 근원은 무엇인지 등 교육과 교직에 대한 포괄적이며 추상적인 문제들에 대해 깊은 관심을 가지지게 된다.

성숙 단계에 도달하기 이전에는 교실에서 발생하는 현실적이고 일상적인상황에 관심이 집중되었지만 이제는 보다 근원적이고 철학적인 질문들에 의미를 두게 된다. 그러나 교직경력이 높아진다고 해서 누구나 성숙 단계에 도달하는 것은 아니다. 그러므로 이 단계에서는 교사들이 세민, 학회, 학위과정, 폭넓은 독서, 전문가 모임 등을 통해 전문가로서의 관점에 대한 이해와 확신, 자아 갱신 및 인정의 기회를 갖도록 노력할 필요가 있다.

영유아를 위한 효과적인 교육을 제공하기 위해서 인간의 발달 단계를 이해하는 것이 필수적인 것처럼 교사의 발달 단계를 이해하는 것은 각 단계별로 적절한 전문성 발달 지원을 위해서 중요한 부분이다. 그러므로 위에서 언급한 카츠의 교사의 발달 단계별로 요구되는 교사교육 방법을 제시하면 다음 표 6.2와 같다.

표 6.2 카츠의 영유아교사의 발달 단계별 교사교육 방법

단계	교사교육 방법			
성숙 단계 (4단계)				학술대회나 세미나에 참석 혹은 학위과정에 진학, 권유, 폭넓은 독서 및 문제 상황에 대한 토론회 결성
갱신 단계 (3단계)			새로운 교수-학습 방법에 대한 학술대회에 참석하거나 자신의 수업에 대한 장학, 동료교사의 수업참관 등을 통해 도움을 제공	
강화 단계 (2단계)		전문가와의 상담, 동료교사의 조언, 충고, 토의 등을 통해 문제 상황을 해결하는 방법에 대한 탐구 과정이 필요		
생존 단계 (1단계)	영유아교육현장에 대한 구체적인 지원과 기술적 도움			
0	1년	2년	3년 4년	5년

3) 버크(Burke)와 그 동료들의 교사발달 이론

교사발달을 역동적이고 순환적인 것으로 보고 선행 연구에서 제시하고 있는 교사발달 이론에 성인발달 이론을 종합하여 교사발달 순환모델(teacher career cycle model: TCCM)을 제시하였다. 이 모델은 발달에 영향을 미치는 개인적 요인과 조직적 요인이 교사의 생애주기에 영향을 미침으로써 8단계로 이루어진 교사발달 단계가 순환된다고 주장하였다. 교사발달 순환모형에서 개인 영역에는 가족 경험, 발달적 단계, 긍정적 경험, 위기적 사건이 포함되며, 조직 영역에는 전문가 단체, 운영 스타일, 정책, 공공적 신뢰, 사회적 기대 등이 포함된다. 교직주기 영역은 다음과 같은 8단계로 이루어져 있다. 이를 정리하여 제시하면 표 6.3과 같다.

표 6.3 교사의 교직주기 8단계에 따른 교사발달

단계	내용
교직 이전	대학에서 교사가 되기 위해 준비하는 시기
교직 입문	보통 교직에 입문하여 3년차까지 적응해 나가는 시기
능력 구축	교수능력 향상을 위해 기술 증진에 중점을 두는 시기
열중과 성장	높은 수준의 직업 만족도를 가지고 교직을 수행하는 시기
좌절	교직에 대한 만족도가 사라지고 좌절감과 회의감을 경험하는 시기
안정과 침체	교사에게 기대되는 최소한의 역할만을 하며, 새로운 일에 대해서는 수동적인 태도를 지니는 시기
교직 쇠퇴	은퇴할 준비를 하는 시기
교직 퇴직	은퇴하거나 교직에 대한 대안을 찾는 시기

출처: 염지숙 외(2014)

(1) 교직 이전 단계(preservice stage)

교사가 되기 위해 필요한 전문 지식과 기술을 습득하기 위해 교육을 받는 시기이다. 예비교사뿐만 아니라 새로운 역할을 수행하기 위해 각종 자격증을 준비하는 단계에 있는 경력교사들에게도 해당하는 시기이다. 일반적으로 초임교사를 위한 직전교육은 대학에서 이루어지며, 경력교사가 되기 위한 재교육은 승급교육 연수, 원감 · 원장의 자격연수 혹은 직무연수 등을 통해 이루어진다.

(2) 교직 입문 단계(induction stage)

교직 입문 후 처음 몇 년 동안 현장에서의 일상적 활동에 익숙해져 가며 교사로서 생존하려고 하는 시기이다. 동료교사, 학부모, 영유아들로부터 인정받기 위해 노력하며 초임교사로서 때로 불안감과 걱정스러움을 경험하기도 하는 시기이다. 경력교사들의 경우 새로운 역할 수행을 위해 노력하게 된다.

(3) 능력 구축 단계(competency building stage)

교사들이 자신에게 주어진 역할 수행을 위해 요구되는 능력과 기술을 향상시키기기 위해 적극적이고 능동적으로 노력하는 시기이다. 새로운 교수 자료, 방법, 기술 등을 습득하기 위해 워크숍, 세미나, 학회 등에 자발적으로 참여하거나 대학원 진학 등 개인의 능력을 증진하기 위해 노력하는 시기이기도 하다.

(4) 열정과 성장 단계(enthusiastic and growing stage)

교사들은 교직 수행에 필요한 전문적 지식과 기술을 가지고 있으며, 계속해서 전문성을 향상시키기 위해 노력하는 시기이다. 즉, 교사 자신의 일을 사랑하고 직업에 만족하는 시기이다. 자신이 가지고 있는 지식을 동료교사 등 타인과 공유하고자 하는 열망도 높다.

(5) 교직 좌절 단계(frustration stage)

교사들은 자신의 교수법에 대한 회의감, 문제아동의 행동지도 방법에 대한 혼란감, 교직의 업무와 직업 여건에 대한 불만 등이 생기기 시작하면서 가르치는 일에 좌절감과 환멸감을 경험한다. 일반적으로 교직생활 중반에 접어들면서 이러한 느낌을 가지게 되지만 교직 초기에 이미 좌절감을 경험하는 경우도 있을 수 있다.

(6) 안정과 침체 단계(stable and stagnant stage)

교사들은 자신이 하는 일에 익숙해져 있기 때문에 더 이상의 발전과 성장을 위해 노력하기보다는 특별한 변화 없이 현재의 상태를 유지하고자 하는 시기이다. 그러므로 의무적인 일은 수행하지만 새로운 일에 대해서는 적극적으로 시도하지 않는 경향이 있다. 이 시기의 교사들은 열정을 회복하여 정체기를 극복할 수 있는 계기를 마련하는 것이 중요하다.

(7) 교직 쇠퇴 단계(wind down stage)

교사들이 교직을 떠나려고 준비하는 단계이다. 퇴직을 하려는 원인에 따라 퇴직을 긍정적으로 또는 부정적으로 받아들일 수 있다.

(8) 교직 퇴직 단계(career exit stage)

교직을 떠나는 시기이다. 교직을 떠난다는 것은 정년 등의 이유로 가르치는 일을 완전히 그만두는 경우뿐만 아니라 육아나 상급학교로의 진학을 위한 휴직, 교사 이외의 다른 직장으로의 이직 등도 포함된다. 교직이 적성에 맞지 않는다거나 교직환경에 적응하지 못하여 이직을 고려하는 경우에는 상당한 갈등의 시간을 보낼 수밖에 없다. 이러한 경우에는 퇴직을 고려하고 준비하는 기간이 상당히 길어질 수 있다.

이처럼 버크(Burke)와 그 동료들이 제시한 8단계의 교사 직업 주기는 직선적이며 순차적인 이론이 아니라 순환적이며 복합성을 가지므로 단계별로 모든 단계를 거쳐 나가는 것을 의미하는 것은 아니다. 또한 한쪽 방향으로만 진행되는 단선적인 변화를 의미하는 것도 아니다. 버크와 그 동료들의 교직발달 이론의 8단계 중에서 전반부의 네 단계는 높은 동기부여, 성취에 대한 높은 열정, 정체감 확립 등이 특징적이지만 후반부의 네 단계는 교직에 대한 만족감 감소, 교수행위에 대한 기대감 및 열정의 감소 등의 특징을 나타낸다. 그러나 전반부의 단계가 후반부의 단계보다 반드시 바람직하고 더 발전된 단계라고 말할 수는 없다. 버크 외 그 동료들의 교사발달 모델의 각 단계는 순환적이며 교사를 둘러싼 개인적 환경과 경험, 노력, 성향, 그리고 주변의 여건과 상황에 따라 교사 개인이 거치게 되는 교직주기 단계와 기간은 매우 유동적이다. 그러므로 버크와 그 동료들의 모델에서 교사의 발달은 개인의 경험, 노력, 성향, 기관의 정책 및 여건 등의 영향을 받으면서 8단계는 복합적으로 순환하며 나타날 수 있다(염지숙 외, 2014).

3 교사 관심사 평정척도

이승연(1994)은 카츠(Katz, 1985)의 유아교사발달 단계 이론에 기초한 채(Tsai, 1990)의 유치원교사 관심사 평정척도(kindergarten teacher concerns rating scale: KTCRS)를 수정·보완하여 5점 척도의 52문항으로 구성한 질문지를 사용하여 국내 유치원교사들의 관심사를 분석하고 경력 및 기타 변인에 따른 관심사의 차이를 살펴보았다. 그 결과 우리나라 유치원교사들이 표출한 관심사의 발달과정은 카츠가 제시한 발달 단계를 따르는 경향이 있었으며, 특히 생존 관심사에 높은 관심을 보이며 성숙 관심사에 가장 낮은 관심을 보이는 것으로 나타났다. 또한 경력, 현직교육 참여 횟수, 직무 만족도는 교사의 관심 수준에 영향을 미친다고 보고하였다.

- 생존 관심사는 교사가 되는 경험을 견딜 수 있을까에 대해 걱정하는 정도로서 기본적으로 교사로서의 적합성, 적응, 수용, 훈육, 정보·교수 기술·시간의 부족, 충분히 준비되어 있지 못하다는 느낌 등에 대한 관심과 염려를 포함한다.
- 강화 관심사는 개별적인 문제아동과 특수한 상황을 다루는 데 있어서 효율적인 교사가 되기 위해 필요한 지식과 기술에 대해 관심을 갖는 정도를 의미한다.
- 갱신 관심사는 교사로서의 효율성을 강화하기 위해 새로운 지식과 기술에 대해 관심을 갖는 정도를 의미한다.
- 성숙 관심사는 교사가 개인적인 교수철학을 확고히 하는 것과 관련된 관심을 갖는 정도로서 일반적인 지식의 토대를 넓히는 것, 추상적인 이론적·철학적 문제를 탐구하는 것, 진보된 학습에 착수하는 것 등을 포함한다. 관심 정도를 5점 척도로 나타낸다.

교사 관심사의 범주와 문항번호는 표 6.4와 같다.

표 6.4 교사 관심사의 범주와 문항번호

교사 관심사의 범주	문항번호	문항 수
생존 관심사	1, 5, 9, 13, 17, 21, 25, 29, 33, 37, 41, 45, 49	13
강화 관심사	2, 6, 10, 14, 18, 22, 26, 30, 34, 38, 42, 46, 50	13
갱신 관심사	3, 7, 11, 15, 19, 23, 27, 31, 35, 39, 43, 47, 51	13
성숙 관심사	4, 8, 12, 16, 20, 24, 28, 32, 36, 40, 44, 48, 52	13

(계 속)

	문항	5점 척도				
		전혀 관심이 없다			매우 관심이 많다	
		1	2	3	4	5
1	학급의 유아 수(교사와 비율)에 관한 것					
2	자유놀이 시간에 유아가 스스로 계획한 활동을 끝까지 할 수 있도록 격려하는 것					
3	새로이 개정된 교육과정을 적용하는 것					
4	세미나에 참가하는 것 (세미나: 주제 발표와 토론이 있는 전문가 연구모임)					
5	유아들에게 약속된 규칙을 지키도록 하여 질서를 유지하는 것					
6	부모와 떨어지기 싫어하는 유아를 다루는 것					
7	현재 운영하고 있는 프로그램의 목적을 성취하기 위해 새로운 방법을 모색하는 것					
8	일반교양에 대한 광범위한 기초지식을 얻을 수 있도록 폭넓게 독서하는 것					
9	현재 맡고 있는 유아들의 연령에 맞는 발달 단계를 아는 것					
10	학습에 지체를 보이는 유아에게 환경적인 자극을 주는 것					
11	유아교육에 관련된 교직 전문단체에 가입하는 것 (예: 어린이교육협회, 대한유치원교육협회 등)					
12	유아교육 이외의 다른 분야의 전문가들과 접촉하는 것 (예: 의사, 심리학자, 사회학자, 영양사 등)					
13	교재 · 교구를 만드는 것					
14	특별한 요구를 가지고 있는 유아들을 돕는 것 (예: 부모의 이혼이나 별거로 인한 가정문제를 가지고 있는 유아, 발달에 장애가 있는 유아 등)					
15	새로운 연구결과나 정보를 수업에 적용하는 것					
16	유치원에서 종일반을 실시하는 것					
17	가르칠 내용을 충분히 이해하고, 효과적으로 전달할 수 있도록 노력하는 것					
18	교사에게 지나치게 의존하여 떨어져 있지 않으려고 하는 유아를 다루는 것					
19	시범으로 운영되고 있는 유치원이나 새로운 프로그램을 운영하고 있는 유치원을 방문하여 정보를 얻는 것					
20	원아 모집 및 선발 기준에 관하여 나름대로의 철학을 갖는 것					

(계 속)

	문항	5점 척도				
		전혀 관심이 없다				매우 관심이 많다
		1	2	3	4	5
21	유아들 개개인의 특성 및 기본적 능력을 파악하는 것					
22	유치원에 오기 싫어하는 유아나 집에 가고 싶다고 떼를 쓰는 유아를 다루는 것					
23	유아에게 적합한 새로운 과학 실험이나 활동에 대한 정보를 입수하는 것					
24	유아가 성장하는 것과 학습하는 것의 본질(특성)에 대해 깊이 탐구하는 것					
25	일과를 계획하고, 교안(교수계획안)을 작성하는 것					
26	그치지 않고 계속해서 우는 유아를 지도하는 것					
27	유아 발달 이론을 교육과정에 통합시키는 것					
28	교육에 영향을 미치는 관련 법규나 정책에 관한 것					
29	자신이 유아교사로서 적합한가에 관한 것					
30	유아의 공격적인 행동에 대처하는 것					
31	교사들을 위한 연수나 워크숍에 참여하는 것					
32	급격하게 변화하고 있는 현대사회에서 유치원이 담당해야 할 역할과 기능을 생각하는 것					
33	수업에 대한 유아들의 반응에 관한 것					
34	유아들 간에 싸움이 벌어졌을 때 문제를 해결해 나가는 것					
35	현장에서 연구를 할 수 있도록 연구 방법을 습득하는 것					
36	유치원 전체의 운영관리에 참여하는 것					
37	교사로서, 직장동료로서 동료 교사들에게 인정받는 것					
38	건강에 문제를 가지고 있는 유아를 돕는 것 (예: 팔에 기브스를 한 유아, 감기에 걸린 유아 등)					
39	새로운 유아교육 프로그램을 도입하고 적용하는 것					
40	학위를 얻기 위해 학위과정에 등록하는 것 (예: 방송통신대학, 대학원 등)					
41	유치원교사라는 직업을 계속할 수 있을 것이라는 확신을 갖는 것					
42	유아들이 가지고 있는 언어적 문제를 도와주는 것 (예: 말을 더듬는 것, 표현력 부족, 어휘력 부족 등)					

(계 속)

	문항	5점 척도				
		전혀 관심이 없다			매우 관심이 많다	
		1	2	3	4	5
43	유아교육에 관련된 전문잡지나 학회지 등을 보는 것					
44	교사의 권익과 처우에 관한 것 (예: 행정적인 지원 · 후생복지 · 근무조건)					
45	교사로서 부모들에게 인정받는 것					
46	유아들의 자아개념을 증진시키는 것					
47	새로운 교수 방법을 배울 수 있는 비디오나 교육용 영화를 보는 것					
48	유아교육의 역사와 철학을 탐구하는 것					
49	수업준비를 위해 충분한 시간을 할애하는 것					
50	문제가 있는 아동의 부모와 상담하는 것					
51	현직교육(각종 연수, 강습회, 워크숍)으로부터 학습한 새로운 지식과 교수법을 실제에 적요하는 것					
52	유아교육의 공교육에 관한 것					

출처: 이승연(1994).

생각의 나무

1. 풀러(Fuller)와 카츠(Katz)의 관심사발달 단계에 대하여 비교 · 설명해 봅시다.

2. 버크(Burke)와 그 동료들의 순환적 발달 단계 이론의 특징을 설명해 봅시다.

CHAPTER 07

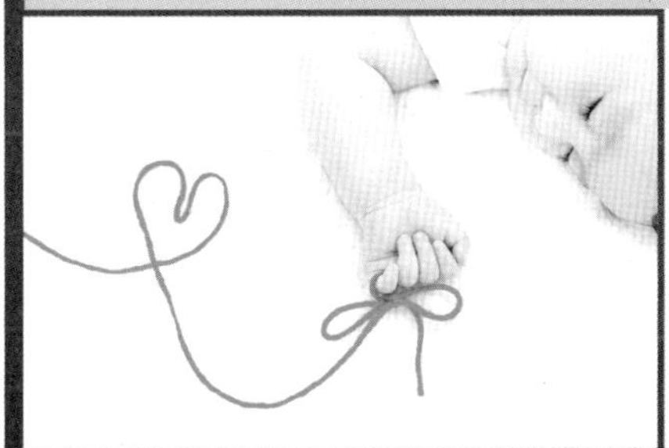

영유아교사의 교수－학습 활동

• 학습개요 •

교수(敎授)란 처음부터 영유아의 어떤 행동변화를 의도하고 있어야 함을 의미한다. 이는 가르치는 자가 무엇을 어떻게 가르칠 것인가에 대한 명확한 의도가 전제 되어야 함을 말해준다. 즉, 의도된 학습을 달성하기 위하여 학습자를 둘러싸고 있는 환경적 조건을 정교하게 조정해야 하는 것이다. 따라서 교수라는 의미 속에는 막연하게 영유아를 변화시키는 것이 아니라 계획적으로 변화시키려는 의도가 숨어 있다. 이 장에서는 영유아를 위한 효과적인 교수－학습 기술에 대하여 살펴보고자 한다. 이 장을 마치고 나면, 여러분은 효과적인 영유아를 위한 교수－학습 기술을 습득할 수 있을 것이다. 이 장의 학습목표는 다음과 같다.

• 학습목표 •

1. 효율적인 수업을 위한 영유아교사의 역할에 대하여 설명할 수 있다.
2. 영유아의 동기유발 방법과 효율적인 발문 방법을 습득 · 적용할 수 있다.
3. 영유아 주도적 수업 방법에 대하여 설명할 수 있다.

1 수업의 의미

가르치는 행동을 의미하는 용어로 흔히 '교수', '수업', '학습지도' 등이 사용된다. 특히, 1960년대 이후 효과적이고 과학적인 교육 방법을 모색하려는 교육공학의 발달과 함께 새로운 교수 이론이 등장하면서 현대적 교수의 개념을 나타내는 용어로 '교수 - 학습 과정' 또는 '수업'이라는 용어를 많이 사용하고 있다. 위의 용어들은 개념상 구분할 수 있지만, 실제에 있어서는 동의어로 사용하고 있다. 그리하여 여기에서는 '수업'이라는 용어로 통일하여 사용하고자 한다. 수업에 대한 몇 가지 개념을 살펴보면(성남교육청, 2005) 다음과 같다.

① 코리(Corey)의 개념
개인으로 하여금 특정한 조건 하에서 특정한 행동을 나타내도록 학습하게 하기 위하여, 또는 특정한 상황에 대한 반응으로서 특정 행동을 할 수 있게 하기 위하여 학습자의 환경을 계획적으로 조작하는 과정이다.

② 가네(Gagné)의 개념
학습이 일어나도록 학습자의 내적 · 외적 조건을 체계적으로 조정하는 과정이다.

이상과 같은 수업의 정의를 살펴보면, 수업이란 단순히 학습 내용만을 전달하는 것이 아니라 학습자를 수업의 장으로 끌어들이고, 학습내용을 전달하고, 학습자로 하여금 그 내용을 이해하여 최종적으로는 실생활에 적응할 수 있는 능력을 가질 수 있도록 하는 모든 과정을 포함하는 것이다. 그리고 이러한 과정에서 교사의 역할은 그 무엇보다 중요하며, 교사의 수업기술에 따라 수업의 효과는 크게 달라질 수 있다.

2 영유아교수-학습의 원리

영유아의 발달과 학습에 관한 관점은 학자마다 다양하다. 그중에서 영유아교사들이 어떠한 관점을 선택하더라도 공통적으로 합의되고 따를 수 있는 원리들은 다음 다섯 가지로 압축해 볼 수 있다(김진영 외, 2006).

1) 구체성의 원리

구체성이란 눈에 보이는 사물과 사건을 말하며 영유아의 학습을 위해 활동 및 자료를 만지고 조작할 수 있는 실물을 주는 것이 효과적이다. 구체물을 가지고 충분히 조작한 후에 추상적이고 상징적인 것으로 진전된다. 영유아를 위한 교수-학습 전략으로서 영유아의 구체적 조작 없이 워크북, 시험지, 색칠공부, 미술활동에 있어 성인이 만든 모델을 모방하게 하는 것 등은 6세 이전의 영유아에게는 적합하지 않다(Bredekkamp, 1986). 또한 이기숙(2000)은 영유아 초기에 읽고, 쓰고, 셈하는 기술을 강조하는 추상적인 기능훈련 방법은 인간발달 과정에서 연속성, 자아가 형성되는 과정 또는 원초적인 인간의 반응력, 자연적인 리듬의 유형 등을 이해하지 못하고 지나치게 만드는 결과를 초래할 수 있다고 지적하였다.

2) 다양성 및 융통성의 원리

다양한 능력과 흥미를 가진 영유아들의 개인차에 부응하는 교수-학습이 되기 위해서는 다양한 교수환경을 제공함으로써 영유아 스스로 활동을 선택할 수 있게 해야 할 것이다. 이를 위해 흥미 영역을 설치하고 소집단 활동이나 개별 활동을 통한 탐구학습을 하도록 장려한다. 교수 방법에 있어서도 발표, 토의, 실험, 관찰, 조사, 견학 등을 다양하게 활용함으로써 영유아가 능동적으로 참여할 수 있도록 한다.

3) 통합성의 원리

교육의 대상이 되는 영유아 개개인은 전인적 인격체이다. 사회 · 신체 · 언어 · 정서 · 인지발달이 통합적으로 발달된다. 따라서 교육은 지식과 기능을 포함하여 자연과 사회의 여러 생활 영역과 상호작용하며 통합될 수 있는 전인교육이 이루어져야 한다는 것이다. 영유아의 생활이 통합적이기 때문에 교재나 활동, 가르칠 교과 영역 등이 통합적으로 실시되어야 한다.

4) 개별화의 원리

교육은 학습자를 개별적 존재로 인정해야 하고 그 개인에 맞는 교육 방법을 제공해야 한다. 개인은 지능, 특성, 흥미 등의 면에서 각자 차이가 있다. 개별화의 교수 방법으로는 두 가지가 있다. 하나는 개인에 따른 능력별 지도와 개별화를 강화하는 방법이다. 다른 하나는 학습 진단 속에서 개성을 살려 공동 작업할 수 있게 하는 방법이어야 한다.

5) 자발성의 원리

인간의 성장발달은 내부의 자발성에 의해서 이루어지며 이것이 외부 환경의 영향을 받아서 인격적으로 완성된다. 수업은 영유아 스스로가 배우고자 하는 자발적인 의욕을 가지고 있을 때 이루어진다. 즉, 동기가 내

재된 학습을 하는 것이 중요하다. 이는 흥미의 원리, 자기활동의 원리, 활동 중심의 원리라고도 말한다. 이와 같이 자기활동을 촉진시키는 것이 동기유발이다. 동기유발 방법 중 영유아 자신이 목적을 가질 수 있게 하거나 교재를 유아의 발달 단계나 능력에 맞추어 지도하는 것도 좋은 예가 될 수 있다.

3 영유아 주도적 수업

영유아 주도적 수업으로는 개별학습법, 개념학습법, 탐구학습법, 협동학습법, 토의학습법 등이 있다. 영유아 주도적 수업은 영유아 스스로 주도해 나가며, 교사는 영유아의 사고, 행동, 감정 등 개인의 특성을 전적으로 수용하며, 개인차를 인정해 준다. 영유아 주도의 교수원리는 영유아의 성장력을 강조하고 있으며, 일반적으로 소그룹 중심의 활동을 많이 한다. 영유아교사-영유아 간의 상호작용을 강조하는 교수 방법도 영유아 중심에 기반을 둔다. 자기표현을 장려하는 개방적 분위기 속에서 교사와 영유아는 다양한 질문을 주고받음으로써 문제해결의 과정을 겪는다. 예를 들면, 학습목표나 내용을 영유아가 계획하도록 유도하고, 상호작용의 기회를 부여하고, 영유아 스스로 활동할 기회를 많이 준다.

영유아 주도적 접근의 장점과 단점을 정리하여 제시하면 다음과 같다.

1) 장점

- 영유아의 흥미, 능력, 욕구 등의 개인차를 고려하므로 발달의 적합성을 살리기 용이하다.

- 여러 가지 사회적 상호작용이 활발하게 일어남으로써 자기표현 및 사회적 관계가 개발된다.
- 직접경험, 탐구활동이나 발견적 과정의 활동에 적합하고 효과적이다.

2) 단점

- 탐구학습이나 발견학습의 과정은 오랜 시간이 걸린다.
- 교사 대 영유아의 비율이 높은 현실적 상황에서 지도, 관찰, 평가 등의 어려움이 있을 수 있다.

4 효율적인 수업을 위한 영유아교사의 역할

수업활동은 영유아와 교사가 함께 만들어가는 과정이다. 그러나 아직 미숙한 영유아들에게 모든 것을 맡겨둘 수는 없다. 미숙한 영유아들을 이끌어서 완숙한 상태로 만들어가는 것이 교사의 역할이다. 따라서 수업을 하는 데 있어서 무엇보다 중요한 역할은 교사이며, 특히 영유아들을 수업으로 끌어들일 수 있는 능력이라고 할 수 있는 것이 교사의 수업기술이다.

좋은 영유아교사는 수업 현장에서 영유아를 지도할 수 능력을 갖춘다. 학습하는 방법, 생각하는 방법, 사물을 보는 방법과 그것들을 다루는 방법, 집단에서 토의하는 방법, 발표하는 방법, 질문하는 방법 그리고 필요한 자료, 도구를 선택하고 활용하는 방법 등을 가르쳐야 하며, 이를 위해서 교사는 가르치는 방법과 기술을 끊임없이 연구해야 한다. 즉, 기술적인 측면이나 전공지식 측면에서 유능한 교사가 되어야 한다.

교사는 영유아들로 하여금 유능하다고 인정받을 수 있는 수업기술을 갖춰야 한다.

유능한 영유아교사와 무능한 영유아교사의 특징을 정리하여 제시하면 다음과 같다(성남교육청, 2005).

유능한 영유아교사의 특징

① 갈등되는 여러 요구에 직면했을 때 자기를 억제할 수 있는 능력을 가진 교사
② 침착하고, 여러 가지의 활동을 동시에 지도할 수 있는 교사
③ 영유아가 자신의 소견을 펼칠 때 건설적이고 격려적인 교사
④ 영유아와의 관계에 있어서 대화가 잘 통하고 우호적인 교사
⑤ 목소리나 행동에 독창성이 있고 흥미를 집중시킬 수 있는 특기가 있는 교사
⑥ 유머가 있는 교사
⑦ 어떤 일이나 영유아들이 즐거운 마음으로 참여할 수 있도록 유도하는 교사
⑧ 가르치는 일에 열의를 가진 교사
⑨ 영유아의 활동에 흥미를 가지고 참여하는 교사
⑩ 수업 활동에 대한 지식이 풍부하고 성실히 준비하는 교사
⑪ 영유아들에게 충분한 시간을 할애하는 교사
⑫ 명확하게 설명할 수 있는 능력을 가진 교사

무능한 영유아교사의 특징

① 영유아들의 학습 요구에 응할 능력이 없는 교사
② 예기치 않은 문제나 요구에 부딪혔을 때 혼란을 일으키고 화를 내는 교사
③ 영유아와의 관계에서 강압적이고 성급한 교사
④ 벌에 의존하고 비꼬는 수단을 이용하는 교사
⑤ 영유아에게 긴장감을 불러일으키고 필요 이상으로 엄격한 교사
⑥ 목소리나 태도가 지루하고 개성이 없는 교사
⑦ 맡겨진 일 이외에 아무 일도 하지 않으려는 교사

유능한 영유아교사와 무능한 영유아교사의 구분에 있어서 가장 중요한 것은 교사가 가진 열의이다. 열의가 있는 교사라면 현재 부족하더라

도 앞으로는 충분히 발전할 수 있는 가능성이 있다. 그렇다면 수업을 하는 데 있어서 열의는 무엇을 의미하는 것일까? 단순히 활기차고 목소리가 큰 것만을 의미하는 것은 아니다. 교사가 가져야 하는 열의 안에는 수업활동에 늦지 않게 도착하는 준비성, 영유아들을 배려하고 사랑하는 마음가짐, 한 시간의 수업을 위해서 오랜 시간을 투자하는 성실함과 노력 등이 모두 포함된다. 교사가 매사에 노력하는 모습을 보인다면 영유아들도 그만큼 열정을 가지고 수업활동에 임할 것이고, 그러면 자연스럽게 수업의 효율성은 높아질 것이다.

5 영유아교사의 효과적인 수업기술

수업활동의 효율성에 대한 여러 연구에 나타난 공통적인 특성은 수업의 효과와 수업자, 즉 교사의 요인과 밀접한 관련이 있다. 교사의 자질 중 수업의 효과와 가장 밀접한 관련을 갖는 것은 수업기술이다. 수업기술이 탁월한 교사는 그렇지 않은 교사에 비하여 적은 시간으로 높은 수업효과를 얻을 수 있다. 수업효과를 높이기 위한 몇 가지 수업기술을 제시하면 다음과 같다(김진영 외, 2006; 김희수, 2011).

1) 교수-학습 활동을 구조화하기

교수-학습 활동이 체계적이고 단계적으로 수행될 때 수업의 효과는 높아진다. 일반적으로 도입-전개-정리의 단계로 수업이 이루어지는데, 각 단계별로 다음과 같은 수업기술을 적용한다면 좀 더 효율적인 수업이 될 수 있다.

(1) 도입 단계

수업활동 시간이 되면 교사가 교실(활동실)에 들어간다고 해도 대부분의 영유아들은 쉬는 시간의 분위기에서 벗어나지 못하고 산만한 상태로 수업활동에 임하게 된다. 이때 교사가 교실에 들어가자마자 바로 수업활동에 들어가게 되면 당연히 수업준비가 되지 않은 영유아들은 시작부터 헤매게 될 것이고, 그러면 그 수업은 실패한 수업활동이 될 것이다. 그래서 수업 시작 5분이 가장 중요하다. 산만한 영유아들을 정돈시키고, 지난 시간에 학습한 내용을 상기시키며 집중을 유도하고, 구체적인 학습목표를 제시하는 과정이 도입 단계에서 필히 이루어져야 한다.

도입 단계의 수업기술 ① 영유아들에게 눈 감고 시간 재보게 하기

눈 감고 시간 재보기를 통해 수업시작 집중력을 높인다. 수업시작 시 산만하다고 느낄 때 모두 눈을 감게 한다. 그리고 시계를 보지 않고 일정 시간(예: 60초)을 마음속으로 세게 하고, 다 세었다고 생각하는 영유아들은 손을 들라고 한다. 정확한 시간에 가장 가깝게 맞추는 영유아의 책상에 사탕을 올려놓고 모두 눈을 뜨라고 한다. 이렇게 하면 산만한 분위기가 자연스럽게 가라앉을 수 있다. 이때부터 수업활동을 시작하는 것도 하나의 수업기술이다.

도입 단계의 수업기술 ② 영유아에게 상세한 수업절차 알려주기

영유아들은 형식적 사고능력이 부족하다. 그러므로 앞으로 수업이 어떻게 전개될지 안내해 줌으로써 영유아 스스로 수업의 로드맵을 그려보게 해준다. 다시 말해서 상세한 수업절차를 미리 설명해준다. 이는 영유아가 미리 준비할 수 있는 기회를 제공하여 수업활동의 효율성을 높여주는 계기가 될 것이다.

도입 단계의 수업기술 ③ 지난 수업 내용을 요약해 보게 하기

영유아로 하여금 수업을 시작하기 전에 지난 수업시간에 학습한 내용을 회상하게 하여 이 시간에 해야 할 수업활동과 자연스럽게 연계시킨다. 그렇게 함으로써 영유아들은 지금 이루어질 수업활동에 대해 흥미와 호기심, 그리고 높은 집중력을 보일 것이다.

(2) 전개 단계

학습 주제의 내용을 제시하고 다양한 수업형태로 지도하는 단계이다. 본격적으로 가르치고 배우는 활동을 수행하는 과정이므로, 학습목표를 효과적으로 달성할 수 있는 수업 방법 및 수업 자료를 선정하여 최적의 수업환경을 영유아들에게 제공하는 것이 중요하다.

전개 단계의 수업기술 ① 영유아에게 유행어 사용하기

TV 프로그램의 유행어를 수업상황에 적절하게 활용하는 센스를 보이면 수업이 훨씬 활기차게 될 것이다. 교사는 영유아들의 눈높이에 적합한 유행어를 준비하여 수업 운영에 적절히 활용할 필요가 있다.

전개단계의 수업기술 ② 영유아의 공책 활용하기

영유아들에게 무언가를 쓰도록 한다. 공책을 활용하여 수업내용에 대한 생각, 질문, 주제 등에 대해서 그림을 그리거나(글씨를 못 쓰는 영유아의 경우) 글로 쓰게 하고 발표하도록 하면, 영유아들의 한 단계 높은 사고력이 길러질 수 있다. 단, 낙서와 구분이 될 수 있도록 공책 검사하는 것을 잊지 말아야 한다.

전개 단계의 수업기술 ③ 영유아와 교사 간의 신호 만들기

영유아가 제대로 이해하고 있는지를 측정하는 방법으로 우리들만의 신호를 만들어서 사용한다. 예를 들면, 신호를 '사랑의 총알 날리기'로 정한다. 그리고 수업활동 중 설명한 내용에 대해서 이해하고 있는지를 묻고, 영유아들의 신호를 파악하는 것이다. 이러한 활동이 수업에 대한 집중력을 높일 수 있으며, 지루하지 않은 수업으로 만들어 줄 것이다.

전개 단계의 수업기술 ④ 영유아들에게 의미 부여를 통한 암기

무작정 외울 수밖에 없는 학습내용도 존재한다. 이런 경우에는 의미 부여를 통해서 영유아들의 암기를 도와야 한다. 예를 들면, 생태학습 프로그램의 경우 신흥 산업도시인 울산, 창원, 구리, 반월, 포항을 암기할 때 "울창한 구반포여"라는 문장을 주면 암기가 한결 수월해질 것이다. 언어 영역의 경우 "ㅂ - ㄷ - ㅅ - ㅈ - ㄱ"의 순서로 된 자음 체계를 "바닷속 조개"라고 하면 영유아들이 훨씬 더 쉽게 이해할 수 있을 것이다.

전개 단계의 수업기술 ⑤ 나무젓가락으로 영유아 지목하기

수업활동 중에 발표할 영유아를 지목할 때 나무젓가락을 사용한다. 나무젓가락을 쪼개지 않은 상태에서 넓은 부분에 자신들의 이름을 쓰게 한다. 그리고 모아진 나무젓가락 중 아무거나 뽑아서 선택된 영유아가 발표를 하면 된다. 나무젓가락을 뽑는 단순한 과정 속에서도 긴장감과 기대감을 가진 영유아들의 눈빛을 볼 수 있을 것이며, 이런 작은 방법들이 수업을 즐겁게 만들어 준다. 이 방법은 도입 단계뿐만 아니라 수업의 전 과정에서 적용할 수 있다.

(3) 종결 단계

학습내용을 정리하는 단계로 수업한 내용을 연습을 통해 영유아의 지식 체계 속에 내면화시킴으로써 실생활에 적응할 수 있도록 지도하는 능력이 필요하다. 교사는 수업을 성급하게 끝내지 말고, 수업 내용을 다시 한번 정리하는 시간을 갖는다. 이때 수업 내용을 영유아들로 하여금 요약하도록 하는 방법을 사용해도 무방하다. 그리고 수업내용을 제대로 이해했는지를 확인하기 위해 다양한 방법으로 형성평가를 실시하는 것이 좋다. 교구·교재 또는 문제지를 활용할 수도 있고, 파워포인트를 활용할 수도 있다.

종결 단계의 수업기술 ① '오늘의 질문' 만들기

수업내용에 대한 '오늘의 질문'을 한 가지씩 쓰도록 한다. 영유아들의 많은 아이디어 가운데 가장 잘 표현된 질문 하나를 영유아들과 함께 선정하고 해답을 찾아보는 것은 학습흥미를 높일 수 있다.

종결 단계의 수업기술 ② 신문이나 자료를 활용한 과제 제시하기

매 주제마다 활용하기보다는 대주제가 끝날 때 활용하는 방법으로, 하나의 대주제가 끝나면 영유아가 그 주제와 관련된 키워드를 정하고 그것과 관련된 신문기사의 내용이나 그림 등을 찾는 것이다. 이때 중요한 것은 영유아가 왜 그 키워드를 선택했는지, 그리고 신문기사의 내용이나 그림을 통해 느낀 점이 무엇인지 쓰도록 지도하는 것이다. 이러한 과정이 반복되면 사회에 관한 지식도 쌓이고, 다양한 문제에 대한 자신의 의견을 논리적으로 펼칠 수 있는 능력도 키워질 것이다.

2) 수업 방해꾼을 내 편으로 만들기

영유아교사가 얼마나 적극적으로 영유아를 이끌어 들이느냐에 따라 영유아의 학습 참여 분위기는 달라지며, 이것은 영유아의 학업성취와 직결된다. 그런데 교사가 수업을 진행할 때 영유아 전원이 참여하도록 유도하는 것이 쉽지만은 않다. 수업을 진행하다보면 수업 분위기를 흐리는 영유아가 있기 마련이다. 유능한 교사는 이런 영유아들을 배척하기보다는 자기편으로 끌어들일 수 있는 능력을 가지고 있어야 한다.

(1) 특별한 관심을 보여라

수업을 진행하기 시작할 때, 가장 먼저 부딪히는 문제는 주위가 산만한 영유아들에 대한 문제이다. 정도의 차이는 있지만, 어느 교실에나 문제아 또는 수업 방해꾼들은 있다. 현실적으로 이런 영유아들을 내 편으로 만드는 것이 수업 분위기를 잡는 데 매우 중요하다. 짜증이 나고 미워져서 야단을 치기 전에 머리를 쓰다듬고, 관심을 기울여주는 특별한 노력이 필요하다. 칭찬이나 관심을 받아본 일이 없는 이 영유아들은 조그만 친절과 배려에도 금방 약한 모습을 보이기도 한다.

(2) 자리를 재배치하라

수업 중에 짝이나 주변이 산만하여 일시적인 제재가 필요한 경우에는 자리를 재배치하는 것이 가장 좋다. 서로 다툼이 있거나 갈등이 있는 경우에는 공개적으로 충분히 문제로 삼아 이야기해 보게 한다. 단순한 장난 위주의 산만함이면, 야단을 치기보다 바로 자리를 따로 앉혀 줌으로써 잠시 갈등관계를 차단할 필요가 있다. 간혹 수업에 집중하지 못하는 영유아들을 산만하다 하여 벌을 주거나, 밖으로 내보내는 일은 비교육적이고 효과도 없음을 인식해야 한다.

(3) 개인지도를 하라

문제가 있거나 수업을 제대로 못하는 영유아들의 경우는 특별히 개인적 상담을 통해 인지적 · 정서적 장애, 가정형편, 원(시설)생활, 교우관계 등을 적극적으로 파악하는 일이 중요하다. 수업에 대한 흥미를 잃은 영유아의 경우에는 방과 후 개인 보충지도를 몇 번 실시함으로써 수업에 대한 관심과 흥미를 높일 수 있다. 일단 개인지도를 통해 교사에 대한 애정과 관심을 느끼게 되면 수업에 대한 호감도가 높아진다. 수업 태도가 좋지 않다는 이유로 남게 하면 어색할 수 있으므로, 수업을 마치고 형성평가나 관찰평가를 실시하고 나서 일정 기준 이하의 영유아들을 남게 하여 보충지도를 하면서 관심을 기울여 볼 수 있다. 또 과제 제출이나 수업 중 활동한 내용이 미흡한 경우에도 남게 하여 개별지도를 함으로써 영유아와의 관계를 돈독히 할 수 있다. 중요한 것은 관심을 기울여 주고, 미흡한 부분을 도와준다는 점이다. 수업에 흥미가 없는 영유아일수록 교사의 관심과 지도 효과는 높아진다.

(4) 수업에 참여할 기회를 주어라

산만하고 어수선한 영유아일수록 어떤 형태로든 튀고 싶어 한다. 또 아주 소심한 영유아의 경우도 자신감을 갖고 여러 사람 앞에 나서거나 수업에 적극 참여하고 싶어 하는 것은 모두 똑같다. 다만, 능력이 부족하고, 사전 지식이나 지능이 부족하여 수업을 리드해 나갈 수가 없다. 그러나 앞에 나와 동화책 읽기 같은 것은 비교적 쉽기 때문에 자발적으로 참여할 수 있게 유도한다. 퀴즈식 수업이나, 낱말 맞추기 게임 등 주제 내용을 조금만 바꾸면 웬만한 영유아들은 모두 참여할 기회를 갖게 된다. 즉, 일탈 영유아들을 체제 내로 끌어들일 수 있는 일들을 다양하게 만드는 것도 하나의 수업전략이다. 질문을 할 때는 그 영유아가 대답하기 좋게 질문을 만들거나, 아주 쉬운 것을 물어서 자신 있게 대답할 수 있도록 하고 칭찬을 해주면 자신감이 생겨 적극적으로 수업에 동참하게 된다. 만화나 그림, 영화와 같은 매체를 수업에 도입하면 이 영유아들도 수업을 리드할 수 있는 계기가 생긴다. 이런 적극적인 활동들을 끊임없이 일깨우고, 실기 평가에 좋은 점수를 얻도록 지속적으로 도와준다.

6 영유아의 동기유발 방법

영유아 동기유발 방법에 대하여 몇 가지를 정리하여 제시하면 다음과 같다.

1) 성공적이고 의미 있는 경험을 제공하기

"만일 당신이 배를 만들고 싶다면 사람들을 불러모아 목재를 가져오게 하고 일을 지시하고 일감을 나눠주는 등의 일을 하지 말라.
대신 그들에게 저 넓고 끝없는 바다에 대한 동경심을 키워줘라"

-생텍쥐페리

영유아의 동기에 영향을 미치는 가장 핵심적인 방법이기도 하다. 과제를 성공적으로 수행한 영유아는 대개 동일한 종류의 과제를 더 많이 하려고 한다. 그러나 실패한 영유아들은 그 후에 비슷한 유형의 과제를 시도하기를 꺼린다. 그러나 모든 영유아들에게 성공적인 경험을 제공하는 것은 생각보다 어렵다. 문제는 한 학급의 영유아들의 능력이 다양하고 교육과정이 복잡하기 때문에 모든 영유아들이 모든 과제에서 성공할 것이라고 확신하기 어렵다는 것이다. 하지만 영유아들로 하여금 가장 금기시되는 요소는 실패에 대한 두려움이다. 물론 어느 정도의 실패는 불가피할 수도 있으나, 잦은 실패는 주의 깊게 고려되어야 하며, 영유아로 하여금 그 모든 책임을 지게 해서는 안 된다. 만일 영유아들이 성공하기에 좋은 기회라고 지각한다면 교사들은 영유아들이 과제수행을 완수하도록 동기화해야 한다. 성공이란 내적 동기화와 외적 동기화 양쪽 모두에 있어 필수적이며 영유아 학습에 있어 중요한 활력소이다.

2) 적절한 학습목표 제공하기

대부분의 영유아들은 그들의 요구와 관계있는 학습목표를 수행할 때 동기화 된다. 학습목표는 학습을 장려하는 방법으로써 영유아들 앞에 놓여진 행동목표인 것이다. 영유아들은 일반적으로 그들이 재미있고 현실적이고 획득할 수 있는 것으로 지각하는 목표를 성취하려 한다. 때때로 목표 자체가 중요한 내적인 동기 요소가 되고 다른 인위적이거나 또는 사회적인 자극들은 상대적으로 중요하지 않게 된다. 다른 경우에는 목적들이 중요한 외적 동기요소가 되어 영유아들은 목적을 달성하기 위해 흥미가 없는 과제들도 수행하게 된다.

3) 활동주제에 대한 교사의 열정 불어넣기

가르치는 것과 배우는 것에 열정적인 교사들은 대개 영유아들에게 매우 훌륭한 동기부여의 모델을 제공한다. 만약 교사들이 특별한 활동에 흥미가 있어 그것을 하는 것으로 보여지면 영유아들은 자주 그들의 열정을 본받게 된다. 가르칠 활동주제에 대해서 열정적인 교사는 영유아들에게 활동주제와 관련된 높은 정서를 고무시키는 경향이 있다.

4) 영유아들과 적극적인 정서적 관계 맺기

영유아들에 대한 교사의 적극적인 관심은 거의 항상 영유아들로부터 상호작용적 반응을 이끌어 낸다. 만약 교사가 영유아들에게 관심 있는 태도를 보인다면, 교사와 관련된 정서가 좋아질 것이고, 이어서 교과에 대한 영유아들의 성취동기도 증가할 것이다. 영유아들에게 관심을 기울이고 도움을 주는 모든 행동들은 교사와 영유아 간의 관계를 향상시키고 학습동기를 증가시키는 결과를 낳을 것이다.

5) 강화와 처벌을 사용하기

어떠한 형태의 강화라도, 실제로 효과가 있기 위해서는 적재적소에 체계적으로 조직되고 적용되어야 한다. 교사들은 무엇을, 언제, 어떻게 강화할 것인지를 명확하게 계획을 세울 필요가 있다. 동기부여의 기술은 계획된 교수전략에 따라 각 학습의 시작·중간·종결 부분에서 투입되어야 한다. 보상과 처벌체제는 또한 조심스럽게 검토되어야 한다. 교사들은 끊임없이 모든 강화 절차의 효과와 어떤 강화요소가 가장 큰 효과를 가지고 있는지를 평가해야만 한다. 단, 처벌은 긍정적 피드백이 될 수 있어야 한다. 교육적 효과가 없다든가 영유아에게 상처가 된다든가 하는 처벌은 안하느니만 못하다.

6) 영유아가 노력에 대한 중요성을 알게 하기

영유아들이 자신의 성공이나 실패를 유전적인 능력이나, 다른 사람의 행운 같은 통제할 수 없는 외부의 힘으로 돌리기보다는 자신의 노력으로 돌릴 때, 내적으로 동기화되기 쉽다. 영유아들의 통제에 대한 지각은 동기에 간접적이지만 강력한 영향을 주기 때문이다. 교사들은 영유아 학습에서 노력과 인내의 중요성을 영유아들에게 설명할 필요가 있고, 그 노력과 인내는 타고난 능력보다는 더 중요한 결정적인 요소임을 상기시켜 줘야 한다.

7) 잘 설계된 의사소통 수업체계 갖기

효과적인 의사소통과 교수 - 학습 활동은 교사와 관련된, 교과와 관련된, 영유아교육기관과 관련된 정서에 끼치는 영향을 통하여 간접적으로 내적 동기를 강화시킨다. 교과내용을 분명히 설명할 수 있고, 그것을 재미있고 도전적으로 만들 수 있는 교사들은 영유아들을 높은 수준으로 동기화하도록 자극하는 경향이 있다. 교과와 관련된 또는 교사와 관련된 긍정적 정서를 가진 영유아들은 그 교과에서 성공할 수 있도록 동기화되기 쉽다. 또한, 의사소통이 잘 이루어지는 효과적인 수업활동은 영유아들에게 높은 수준의 효능감을 갖게 하고, 지각된 효능감은 내적 동기를 유발시키게 한다.

7 영유아교사의 효과적인 발문 방법

1) 주의를 끌면서 발문하라

발문에 대한 예고, 영유아의 궁금증 유발, 주의 집중시켜 보기에 대한 한 예이다. 이때 영유아의 주의를 끌 수 있도록 발문을 해야 한다.

- "자, 여기서 중요한 질문을 하나 하겠어요"
- "자, 여기서부터 문제예요. 그 다음은 어떻게 될까요?"
- "자, 여기를 보세요, 저 뒤쪽 신애야, 여기 좀 보자"

2) 발문 처리 단계를 늘려라

영유아들은 아직 발문에 대한 논리적인 답을 제시하기엔 한계가 있다. 따라서 발문처리 단계를 늘리는 것이 논리적 사고를 기르는 데 도움이 된다. 예를 들면, '발문 → 반응 → 재차 발문 → 요약 · 설명, 반응의 명료화, 입증 요구' 등으로 진행하거나, '개인 지적 발문 → 반응 → 다른 영유아 지적 발문 → 반응 → 두 영유아의 반응 내용에 대하여 전체 영유아를 대상으로 재차 발문 → 반응 내용을 종합 정리' 순으로 할 수 있다.

3) 발문의 대상을 다양화해라

영유아 전체를 대상으로 한 발문, 개인을 대상으로 한 발문, 소집단을 대상으로 한 발문 등으로 그 대상을 다양화함으로써, 많은 영유아들이 발문의 대상에 참여할 수 있게 되고, 확장된 발문으로 그 범위와 깊이를 넓혀 갈 수 있다.

4) 발문에 대해 반응하도록 유도하라

영유아의 개인차를 고려하여 발문의 수준을 낮추거나, 힌트 혹은 참고 자료 등을 최대한 제공한다.

- "다시 한 번 묻겠어요"
- "질문이 어려운가 본데, 힌트를 하나 줄까요?"
- "자, 그림동화책 10쪽의 윗부분을 보면 그 답이 있습니다"

5) 발문 결과에 대한 처리를 확실히 하라

영유아가 반응한 결과에 대하여 교사의 적절한 요약, 재차 발문, 적절한 보상, 보완 설명 등을 통해 영유아는 발문결과를 구체적으로 자기 개념화할 수 있다.

- "여러분이 말한 내용을 종합하여 말하면..."
- "지금 이렇게 말했는데, 그렇다면 이런 경우에는 어떻게 될까요?"
- "네, 아주 멋진 답변이에요. 이 의미를 확실히 알고 있군요"

6) 발문 후 대답할 수 있는 시간을 줘라

영유아에게 발문을 했다면, 어느 정도의 여유를 갖고 대답할 시간을 기다려 주는 것이 좋다. 영유아는 아직 경험이 부족하여 즉시적이며 논리적인 생각을 표출하는 데 한계가 있다.

- "자, 1분간 시간을 주겠어요. 다른 친구도 함께 생각을 해봐요"
- "아직도 생각이 안나나요. 조금만 더 시간을 주죠"

7) 온정적인 발문 분위기를 조성하라

교사는 영유아가 편안하게 생각하고 발표할 수 있는 분위기를 조성하기 위해 따뜻한 표정과 어투를 사용함으로써 영유아에게 긴장감이나 두려움 등을 제거할 수 있다.

- "성현아, 아름답게 그림을 잘 그리네. 와~ 멋지다. 선생님이 성현이가 그린 그림에 대하여 생각을 듣고 싶은데, 들려줄 수 있을까요?"

8) 영유아 수업 시 발문 오류를 제거하라

교사는 사소하지만 다음과 같은 발문 오류를 거듭하면 영유아들은 쉽게 학습에 흥미를 잃게 된다. 가급적 다음과 같은 오류를 범하지 않을 때 영유아와 상호작용이 잘 이뤄진다.

영유아 수업 시의 발문 오류

① 같은 형태의 발문만 반복한다.

② 발문의 요지가 애매모호하다.

③ 교사가 기대하는 답만을 받아들이려 고집한다.

④ 교사가 묻고 교사가 답한다.

⑤ 동의를 구하는 단발성 발문을 반복한다.

⑥ 아예 발문을 하려 하지 않는다.

생각의 나무

1. 효율적인 수업을 위한 영유아교사의 역할에 대하여 생각해 봅시다.

2. 영유아의 동기유발 방법과 효율적인 발문 방법에 대하여 조별로 토론해 봅시다.

3. 영유아 주도적 수업 방법에 대하여 사례를 들어 설명해 봅시다.

CHAPTER 08

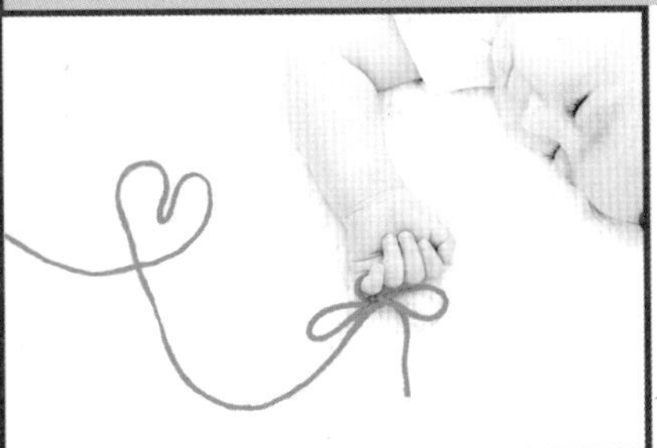

영유아교사의 인간관계 형성

• 학습개요 •

인간은 사회적 존재로 다른 사람과 관계를 맺으며 살아간다. 이러한 인간관계는 개인에게 만족감을 줄 수도 있고 때로는 불만족감을 줄 수도 있다. 유치원이나 어린이집 같은 교육기관도 다른 조직과 마찬가지로 여러 가지 인간관계가 발생하게 되며, 이는 교사들의 이직에도 영향을 미친다. 즉, 많은 교사들이 원장과의 관계, 동료교사들과의 인간관계에서 만족감을 얻지 못할 때 원을 그만두거나 다른 원으로 옮기게 된다. 또한 인간관계는 직무만족도와 밀접한 관련이 있어 조직에 대한 만족이 높은 사람은 직무에 대하여 만족도가 대체로 높다. 그리고 이러한 조직에 대한 만족을 좌우하는 요인은 바로 교사－행정가, 동료교사들 간의 인간관계라 볼 수 있다. 이 장에서는 영유아교육기관에서 영유아교사들의 인간관계의 중요성과 인간관계기술을 살펴보고자 한다. 이 장을 마치고 나면 영유아교육기관에서 인간관계에 대한 중요성과 다양한 인간관계 기술을 이해할 수 있을 것이다. 이 장의 학습목표는 다음과 같다.

• 학습목표 •

1. 영유아교육기관에서 교사의 인간관계의 중요성을 인식할 수 있다.
2. 영유아교사와 각 구성원 간의 인간관계 기술을 습득할 수 있다.

1 영유아교사의 인간관계 중요성

인간은 사회적 존재로 다른 사람과 관계를 맺으며 살아간다. 이러한 인간관계는 개인에게 만족감을 줄 수도 있고 때로는 불만족감을 줄 수도 있다. 유치원이나 어린이집 같은 교육기관도 다른 조직과 마찬가지로 여러 가지 인간관계가 발생하게 되며, 이는 교사들의 이직에도 영향을 미친다. 즉, 많은 교사들이 원장과의 관계, 동료교사들과의 인간관계에서 만족감을 얻지 못할 때 원을 그만두거나 다른 원으로 옮기게 된다. 또한 인간관계는 직무만족도와 밀접한 관련이 있어 조직에 대한 만족이 높은 사람은 직무에 대하여 만족도가 대체로 높다. 그리고 이러한 조직에 대한 만족을 좌우하는 요인은 바로 교사-행정가, 동료교사들 간의 인간관계라 볼 수 있다(최애경 외, 2016).

1) 영유아교육기관에서의 인간관계

우리나라 영유아교육기관의 조직은 타 상급 학교기관과 비교해 볼 때, 규모가 작고 직원 수가 적으며 모든 권한을 원장이 독점하고 있는 전문성이 미약한 조직의 특성을 지니고 있다. 이러한 영유아교육기관의 특성상 다른 상급교육기관과는 달리 나름대로의 갈등이 존재하게 되며, 발생된 갈등은 여러 가지 면에서 교사에게 영향을 주게 된다.

- 인간관계에서 오는 갈등은 교사의 이직에 영향을 준다. 이직이란 구성원 스스로의 의사에 의한 자발적 이직을 말하며, 자신이 근무하던 영유아교육기관에 대한 불만이 원인이 되어 영유아교육기관을 그만두거나 또는 다른 영유아교육기관으로 옮기는 것을 의미한다. 플라이셔(Fleisher, 1985)는 교사에게 필요한 정보, 즉 교사훈련이나 유

치원 및 어린이집 정책에 대한 원장의 이해 또는 지지의 부족이 교사 이직률의 중요 원인임을 밝혔다. 즉, 원장의 지지 부족은 낮은 성취를 가져오고 명확한 피드백을 받지 못하기 때문에 직장을 떠나는 교사가 생긴다는 것이다. 이를테면, 원장과의 관계에 대한 만족 정도나 원장의 인정 유무 등이 교사의 이직에 영향을 미친다고 본 것이다. 또한 동료관계에 대한 만족감 역시 이직에 잠재적으로 중요한 영향을 미친다고 보았다. 동료들의 지지가 많거나 유사한 동료들로 구성되어 있는 집단의 교사들일수록 영유아교육기관의 직장 생활에 잘 적응하고 응집력도 잘 형성한다고 한다.

- 인간관계의 갈등은 조직풍토에 영향을 미친다. 조직풍토란 한 영유아교육기관이 다른 영유아교육기관과 구별되는 그 교육기관만의 특유의 개성이라고 말할 수 있으며, 이러한 조직풍토는 오랜 기간에 걸쳐 형성되고, 일단 형성된 분위기는 쉽게 변화되지 않고 유지되는 경향이 강하다. 영유아교육기관의 조직풍토에 영향을 미치는 인간관계 관련 요인을 살펴보면 다음과 같다(Jorde-Bloom, 1989).

① 동료관계는 교사들이 서로 우호적이고, 지지적이며, 신뢰하는 정도를 말하는 것으로 교사들의 동료 결속을 뜻한다. 동료들 간에 강한 결속력이 있는 학교에서는 교사들이 단합된 팀 정신과 집단적인 효율성을 보이며 상호작용이 원활하고, 개인은 자신의 생각을 자유롭게 표현할 수 있다.

② 교사에게 명확한 기대, 지지, 격려를 제공해 주는 원장의 지도력은 교육환경에 결정적인 요소가 되며, 교사의 개인적·전문적 변화에 방향을 제시해 준다. 영유아교육기관을 운영·관리하는 원장은 영유아교육기관의 운영에 있어 민주적이고 합리적인 의사결정을 해야 하며 민주적이고 개방적인 태도를 지녀야 한다.

③ 인간관계는 직무만족도에 영향을 준다. 직무만족이란 개인의 태도와 가치, 개념 및 욕구 등의 수준이나 차원에 따라 조직구성원이 직무를 통해서 경험하는 바를 평가하여 얻은 유쾌한 감정적 태도라고 정의할 수 있다. 조직에 대한 만족이 높은 사람은 직무에 대하여 만족하며 이러한 만족과 불만족은 직무만족도로 평가된다. 국내의 많은 연구에서 교사의 직무만족과 관련된 요인 중 하나로 동료 및 상사와의 인간관계를 꼽고 있다.

2 영유아교사와 구성원 간의 인간관계

영유아교사와 구성원 간의 인간관계 중에서도 교사-영유아의 관계, 교사-부모의 관계, 동료교사와의 관계, 교사-원장의 관계는 중요하다. 이들 인간관계를 제시하면 다음과 같다(심성경 외, 2017).

1) 교사-영유아의 관계

교사는 인간관계에 대한 지식이나 원활한 의사소통을 하기 위한 방법을 모르는 영유아교사들과 인격적이면서 친밀한 관계를 형성해야 한다. 교사와 영유아 간의 바람직한 상호작용 관계를 정리하여 제시하면 다음과 같다(박은혜, 2011).

- 교사와 영유아는 독립된 인격체 간의 관계이다. 영유아와 교사는 독자적인 인격체이며 특수한 애정 결합의 관계이다. 교사는 영유아가 존중받고 사랑받을 권리를 가졌으며, 교사 및 또래와 공동체 생활을 해 나가는 존재라는 사실과 자신은 영유아를 보호하고 교육할

의무가 있음을 잊어서는 안 된다.

- 교사와 영유아는 목표가 있는 관계이다. 교사와 영유아의 만남은 근본적으로 영유아의 성장과 발달을 도와주고 보호하고 양육할 목적으로 형성된 목적적 관계에 의한 것이다. 이에 교사는 영유아와 상호 신뢰하는 특별한 관계 속에서 의도적 교육활동뿐 아니라 일상적인 언어적·정서적·학습적인 욕구를 지원해 주고 지속적인 보호와 교육을 제공해 주는 매우 중요하고 특별한 존재이다. 기관에 다니는 영유아는 자신의 건강·영양·안전·놀이·활동 등과 관련된 하루의 대부분을 교사와 함께해 나가며, 끊임없이 관계를 형성해 간다. 이런 관계를 통해 교사는 영유아를 더 잘 알게 되고 개별적으로 민감하게 반응하고 격려할 수 있게 되며, 영유아는 자기 스스로를 가치 있고 소중한 존재로 여기게 된다.

2) 교사-부모의 관계

교사와 부모는 영유아를 매개로 형성된 관계로 다른 상급 교육기관보다 매우 밀접한 관계를 형성하고 있으며, 갈등과 협력이 공존하는 특별한 관계이다. 교사가 학급 운영 및 원아 지도를 위해서 열심히 노력한다고 해도 부모가 이를 인정하지 않고 비판하면 교사는 좌절하고 어려움을 겪게 된다. 효과적이고 원활한 학급운영 및 영유아 지도를 위해서는 부모와 상호 이해 및 존중의 긍정적 관계를 형성·유지하는 것이 무엇보다 중요하다.

교사-부모 간의 바람직한 상호작용 관계를 제시하면 다음과 같다(윤기영, 2005).

- 교사-부모의 인간관계는 한계가 불투명한 관계이다. 교사와 부모의 역할은 한계를 분명히 할 수 없는 부분이 많다. 이에 영유아에게 문제가 발생하면, 교사와 부모는 책임의 소재를 놓고 갈등을 일으키게 되고 원만하지 못한 해결과정에서 서로 책임을 전가하기 쉽다. 이러한 갈등 상황을 개선하기 위해서는 기본적으로 부모와 교사가 충분한 정보 교환을 통해 상호 신뢰 및 이해의 관계를 유지하는 것이 필요하다.
- 교사-부모의 관계는 영유아가 그 기관에 재원하는 동안에만 유지되는 일시적 관계로, 졸업을 하거나 퇴소하면 끝이 나는 비영구적 관계이다. 이는 교사가 영유아를 교육하는 동안 최선을 다할 수도 있지만 다른 한편으로는 적당히 시간을 보내려는 태도에 안주할 위험성도 있음을 의미한다. 교사나 부모 모두 일시적인 관계라고 해도 영유아를 위해 믿음을 줄 수 있는 태도를 가져야 한다.
- 교사-부모의 관계는 둘만의 직접적인 관계라기보다는 영유아를 매개로 하여 연결된 간접적 관계이므로 오해를 불러일으킬 소지가 많다. 즉, 언어표현능력이 제한적인 영유아를 통해 소통함으로써 부모와 교사 사이에 오해를 발생시킬 수 있다는 점에서도 기본적인 신뢰관계 형성이 중요하다.

이상과 같은 교사-부모 간의 바람직한 상호작용 관계를 반영하여 영유아교사는 영유아와 그 가족에 대한 존중을 기반으로 영유아를 가장 잘 아는 부모와 협력관계를 유지해야 한다. 특히, 교사는 부모와의 바람직한 관계 형성을 위해서 예의 있고 친절한 태도로 부모를 대하고 영유아에 대한 정보를 나누거나 상담 및 교육을 할 때에는 어렵고 전문적인 용어보다는 부모가 이해하기 쉬운 언어로 간결하고 논리적으로 설명해야 한다.

3) 동료교사와의 관계

영유아교사는 영유아의 교육과 보육을 함께 담당해야 하므로 하루 일과 안에서 사적 용무를 위한 시간적 여유가 부족하다. 즉, 초·중등교육과 달리 쉬는 시간이 따로 없는 상황에서 장시간 근무해야 하므로 스스로를 돌아볼 여유 없이 지내느라 동료교사와의 관계도 소홀해지기 쉽다. 그러나 동료교사와의 상호 신뢰, 존중과 지원의 인간관계는 영유아교사의 역할수행에 중요한 요인으로 작용할 수 있다. 동료교사 간에는 사랑과 질투의 개인적인 인간관계와 경쟁과 협력의 공적인 인간관계가 공존하는데 질투·경쟁과 같은 부정적인 요소는 표면적으로 드러나지 않는 특성이 있다.

영유아교사의 동료교사 간의 인간관계 특성을 제시하면 다음과 같다(박은혜, 2011; 염지숙 외, 2008).

(1) 소집단 안에 공존하는 사적·공적관계

집단의 크기가 작으며 구성원의 수가 적은 그룹 안에 속해 있는 구성원들의 사적 관계는 친밀도가 높아 가족과 같은 분위기를 형성한다. 이러한 관계는 직무의 효율성을 높이기도 하지만 때로는 공적인 업무수행에 있어서 어려움으로 작용하기도 한다. 한편 공적인 관계만 너무 강조되는 경우에 서열과 위계질서를 중시함으로써 융통성 있고 원활한 업무수행에 더 큰 어려움을 주기도 한다.

(2) 유아교육 전문가로 함께하는 관계

동료교사 간의 관계는 가르치는 일을 더 잘할 수 있는 방향으로 유지되어 각자 소유한 지식과 능력에 대한 상호 존중과 공유, 교수와 학습에 대한 협력관계가 지속될 수 있어야 한다. 이를 통해 영유아교사는 각자의 능력보다 높은 수준의 성취를 할 수 있으며 전문가로서의 성장에도 큰 도움을 받게 된다.

(3) 공동업무를 협력하는 관계

영유아교육기관은 부모나 가족이 함께하는 행사를 포함해서 다양한 행사와 견학, 차량지도, 기관평가 준비 등을 위해 공동으로 작업해야 하는 경우가 많다. 힘들고 어려운 상황에서 먼저 다가와 도와주고, 이해해 주는 동료교사와의 관계는 업무의 효율성을 가져오는 필수요인으로 작용한다. 반면에 공동체 의식 없이 개인적 성취를 중심으로 서로 무관심하거나 경쟁적 관계가 형성될 경우 업무수행에 심각한 장애가 될 수 있다.

(4) 다양한 배경의 복잡한 관계

동료교사 간의 관계는 출신 학교나 취미, 성장과정 등에 따라 개인적 관계가 더 작용하는 매우 다양하고 복잡한 관계로 이루어져 있다. 즉, 표면적으로 드러나는 공적인 관계보다 심리적 요인이 작용하는 개인적 관계가 더 복잡할 수 있다. 영유아교육은 지식을 전달하는 기능뿐만 아니라 전인발달과 밀접하게 관련되었다는 점에서 동료교사 간의 인간관계는 여타의 작업에서보다 더 강조되어야 하며, 공적·사적관계 모두를 유지하기 위해 서로 존중하고 협력하는 노력이 요구된다.

바람직한 동료관계의 형성을 위해 영유아교사가 지켜야 할 점 등을 제시하면 다음과 같다(심성경 외, 2017).

- 상대가 없는 곳에서 뒷담화를 하지 않는다.
- 행동보다 말을 앞세우지 않는다.
- 동료의 의견을 경청하고 상황을 있는 그대로 말한다.
- 고마운 일이 있을 때는 감사의 표현을 하고, 도움 준 것에 대해서는 생색내지 않는다.
- 대화를 할 때는 따뜻하고 친절한 어투로 말한다.
- 맡은 업무를 성실하게 책임진다.
- 서로 협력하고 격려한다.
- 서로의 사생활에 간섭하지 않는다.
- 성이나 연령, 종교, 인종, 가치관 등에 따라 파벌을 조성하지 않는다.
- 교사의 소모임을 포함한 공동체 생활에 필요한 모임에 적극적으로 참여한다.
- 서로의 의견이 다르더라도 상호 의견을 존중하고 끝까지 경청하려는 태도를 견지한다.

동료교사 간의 인간관계는 기관 내에 어떤 리더가 있느냐에 따라 큰 영향을 받는다. 즉, 적절한 리더가 있는 경우 서로 긍정적 감정과 친밀감, 소속감과 화합을 높일 수 있으나, 이와는 반대로 파벌적 인간관계를 형성하며 기관 밖의 인간관계를 중시하는 현상으로 나타나기도 한다. 후자의 경우 직무만족도는 떨어지고 업무효율도 점점 낮아질 수밖에 없다. 동료교사 간에 서로 지지해 주고 친목을 도모할 수 있는 기회와 교실 내의 문제나 영유아의 문제를 협의하기 위한 모임 등은 영유아교사의 동료 간 관계에 긍정적 영향을 준다는 점에서 교직생활의 질을 결정하는 중요한 요소가 된다.

4) 교사-원장의 관계

원장은 기관운영의 책임자이고, 교사는 원장의 지도·감독을 받는 위치에 있다. 따라서 교사와 원장 간의 관계에는 항상 갈등이 존재할 가능성이 있다. 원장과 교사 간의 갈등은 일반적으로 교사가 원장으로부터 신뢰나 지지를 받지 못한다고 생각하는 것이 결정적인 원인으로 작용한다. 이에 영유아교육현장에서 원장의 행동은 교사와의 관계에 영향을 주는 중요한 요인이다. 원장은 리더로서의 덕성과 자질을 갖추고 효율적인 대인관계 기술과 의사소통능력으로 교사와 만족스러운 인간관계를 유지할 수 있어야 한다. 인간관계는 상대적인 것으로 바람직한 원장과의 인간관계를 유지하기 위해서는 교사의 노력도 중요하다. 출근시간에 지각을 하거나 퇴근시간이 가까워지면 시계만 보는 교사, 핑계와 말대꾸를 하는 교사 등 기본자세와 태도를 갖추지 못한 교사는 원장과의 관계가 원만할 수 없다. 교사의 입장에서도 인격적인 비하나 낮은 보수, 무리한 수업 참관, 다른 교사와의 비교 등 원장이 부적절한 대우를 할 때에는 원장과의 적절한 인간관계 유지가 불가능하다(심성경 외, 2017).

원장과 교사의 바람직한 상호작용을 위한 교사의 자세에 대하여 살펴하면 다음과 같다(민성혜 외, 2012).

- 교사는 원장의 철학과 신념을 이해하고 공감하려는 노력을 해야 한다. 이러한 이해와 공감은 기관을 운영하는 데 같은 방향을 바라보게 하고, 서로 협력할 수 있게 한다. 따라서 임용 전에 충분한 대화를 통해서 서로의 철학과 신념에 대해 체크해 보는 것이 바람직하며, 임용 후에는 원장의 철학과 신념을 이해하고 함께하기 위해 노력해야 한다.

- 교사는 기관의 전반적인 운영을 숙지해야 한다. 교사로 임용된 후 기관의 전반적인 운영과 개별 업무 분장에 대해 빠르게 숙지하는 것이 상호 도움이 된다. '꼭 이걸 해야 하나?', '주말에 행사를 해야 하는 걸까?' 하는 등의 불평불만은 원만한 상호작용을 저해한다. 궁금하거나 이해가 안 되는 것, 모르는 부분에 대해서는 묻고 이해하는 과정이 필요하다.
- 기관운영에 대한 정기적인 회의와 개별 면담을 적절하게 활용한다. 정기적인 회의시간에 원장과 교사가 모두 참여해서 개방적으로 의견을 나누고 협의하는 것이 좋지만 불편하거나 개인적인 심기를 건드릴 수 있는 이야기는 공개적인 장소보다 개별 면담을 신청해서 이야기하는 것이 좋다.

생각의 나무

1. 영유아교육기관에서 교사의 인간관계의 중요성에 대하여 조별로 토론해 봅시다.

2. 영유아교사와 각 구성원 간의 인간관계 기술은 무엇이어야 하는지 생각해 봅시다.

CHAPTER

09

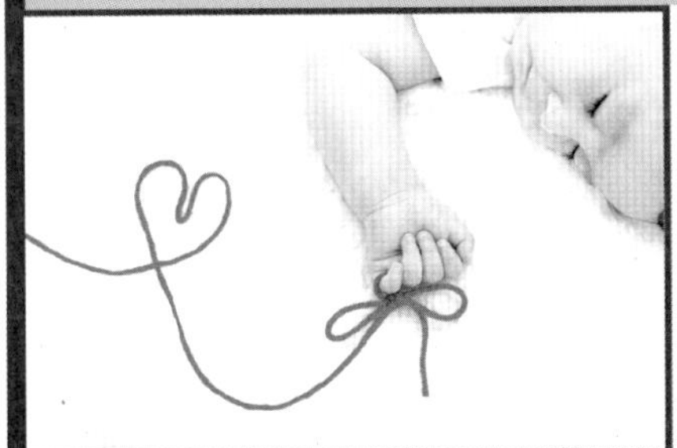

영유아교사의 생활지도와 상담

• 학습개요 •

최근 영유아교육기관에서는 영유아 생활 부분에 많은 관심과 비중을 두어 지도하고 있다. 사실 핵가족 및 결손가족 등과 같은 다양한 가족 구조가 형성되면서 과거 가정에 일임되어 온 영유아들의 기본생활습관 지도 부분이 영유아교육기관의 중요한 역할로 인식되고 있는 실정이다. 특히, 공교육의 증가와 장시간 영유아교육기관에서 생활하는 영유아들의 수가 증가하면서 영유아교육기관에서는 가정에서 충분히 경험하기 어려운 갈등, 규칙, 친사회적 행동 등의 집단생활에 필요한 사회적 기술들을 지도할 역할을 담당하게 되었다.

이 장에서는 영유아교육기관에서 영유아들의 생활지도와 상담에 대한 방법과 절차 등을 간략하게 제시하고 있다. 이 장을 마치고 나면, 여러분은 영유아 생활지도와 상담에 대한 실천적 지식과 스킬을 습득할 수 있을 것이다. 이 장의 학습목표는 다음과 같다.

• 학습목표 •

1. 영유아 생활지도의 일반적 원리를 현장에서 적용할 수 있다.
2. 영유아 상담에 대한 절차와 방법을 이해할 수 있다.

최근 영유아교육기관에서는 영유아 생활 부분에 많은 관심과 비중을 두어 지도하고 있다. 사실 핵가족 및 결손가족 등과 같은 다양한 가족 구조가 형성되면서 과거 가정에 일임되어 온 영유아들의 기본생활습관 지도 부분이 영유아교육기관의 중요한 역할로 인식되고 있는 실정이다. 특히, 공교육의 증가와 장시간 영유아교육기관에서 생활하는 영유아들의 수가 증가하면서 영유아교육기관에서는 가정에서 충분히 경험하기 어려운 갈등, 규칙, 친사회적 행동 등의 집단생활에 필요한 사회적 기술들을 지도할 역할을 담당하게 되었다.

이 장에서는 영유아교육기관에서 영유아들의 생활지도와 상담에 대한 방법과 절차 등을 간략히 살펴보고자 한다.

1 영유아 생활지도의 개념 및 필요성

1) 개념

영유아의 생활지도는 흔히 훈육, 영유아지도, 영유아 행동지도, 버릇들이기 등 여러 가지 용어로 사용되어 왔다. 전통적으로는 훈육이라는 개념이 많이 쓰이고 있으며, 훈육은 영유아의 행동을 변화시키거나 통제하려는 시도로 이루어지는 모든 행동이나 말로 정의되기도 한다(Marion, 1991).

훈육(discipline)은 라틴어인 'disciplina'에서 유래된 말로 지시하거나 가르치는 것을 의미

한다(Morrison, 2001). 전통적인 관점에서 훈육은 본보기가 되는 대상을 관찰하고 행동을 배우도록 하는 것이었으며, 영유아가 바람직한 행동을 하도록 이끌고 바로잡는 일이라고 보았다. 그리하여 영유아들은 권위나 통제에 순종하여 부모나 교사들이 바라는 것이나 옳다고 생각하는 것을 따르고, 바람직하지 못한 행동을 하였을 때는 벌이나 체벌을 통해서 통제를 받게 된다.

이러한 전통적인 훈육의 의미는 점차 발달심리의 연구와 아동중심적인 사상의 확산을 계기로, 어른에 의한 훈육보다는 영유아 자신의 자율적인 자기 통제에 의한 훈육의 개념으로 수용되고 있다. 이러하여 점차 훈육보다는 생활지도로 사용하는 경향으로 변화되었다(Gatre, 1994).

일반적으로 생활지도라는 개념은 지도(guidance), 지시(direction), 안내(pilot), 관리(management), 조성(steering) 등의 다양한 의미를 지니고 있다(Shertzer & Stone, 1981). 생활지도는 개인이 긍정적인 행동을 하도록 돕는 것을 의미하며, 교육과 관련된 경우에는 영유아들 스스로가 자신의 문제를 보다 심도 있게 이해할 수 있도록 도와주는 다양하고 풍부한 경험을 제공하는 것이다. 이재창(1995)은 생활지도란 개인으로 하여금 자기 자신과 주위세계를 잘 이해해서 현명한 선택과 적응을 하여 건전한 사회의 일원으로서 성장·발달할 수 있도록 하는 일련의 지속적인 조력과정이라고 하였다.

사실 영유아들은 지적·정서적·신체적·사회적으로 미성숙하고, 발달해 나가는 과정에 있으므로 생활 속에서 부딪히게 되는 문제나 위기를 스스로 해결해 나가기 어렵다. 따라서 부모와 교사는 영유아들의 문제를 바르게 인식하고, 해결해 나갈 수 있도록 지원을 해야 한다.

학자들마다 생활지도의 의미를 다양하게 부여하고 있으나, 생활지도의 개념을 종합해 보면 "생활지도는 영유아들이 전 생애에 거쳐 유용한 기술을 발달시키도록 돕는 과정이자, 영유아의 성장발달과 사회적 요구에 기초한 가르침이며, 자기이해를 돕는 과정"이라고 정의할 수 있다.

2) 필요성

영유아기는 변화 가능성이 높은 인생의 초기 단계로, 이 시기의 바람직한 생활지도는 미래의 성장과 발달에 크게 기여할 수 있다. 따라서 영유아들이 앞으로 직면하게 되는 다양한 변화에 대응하여 살아갈 수 있도록 적극적인 생활지도가 필요하다. 생활지도의 필요성을 사회적인 차원과 개인적·발달적 차원에서 살펴보면 다음과 같다.

(1) 사회적 차원

사회가 급속히 변화함에 따라 영유아 생활지도의 필요성이 증대되고 있다. 사회적 필요성으로는 가족구조의 변화, 문제행동의 증가 및 기관에서의 생활지도 비중의 확대를 들 수 있다. 이들을 살펴보면 다음과 같다.

- 가족구조의 변화로 인해 생활지도가 필요하다. 영유아들은 미숙하고 의존적인 경향성을 갖고 있으므로 가족의 영향을 많이 받을 수밖에 없다. 그런데 현재의 가정은 부모와 자녀의 소수가족으로 구성되어 가면서 대가족 제도의 조부모와 여러 형제 사이에서 자연스럽게 이루어지던 교육적 기능과 사회적 기능이 약화되고 있는 실정이다. 더구나 여성의 사회 진출이 두드러지면서 어머니가 제공하는 양육이나 교육의 기회가 줄어들고 있다. 특히, 최근 증가하고 있는 부모의 이혼은 영유아에게 심리적 위해로 작용한다. 이러한 사회적 현상은 교육기관의 교육적 기능의 확대 및 생활지도의 필요성을 부각시킨다.
- 문제행동의 증가로 영유아기의 생활지도가 더욱 강조된다. 사회적으로 청소년 비행이 증가하고 있고, 그 연령이 점차 낮아지고 있는 실정이다. 청소년 비행의 원인이 영유아기에서 비롯된다는 종단적

연구의 증거들이 이미 제시된 바 있다. 따라서 인성의 기본적 틀이 형성되는 영유아기부터 생활지도를 통한 긍정적인 행동 지도가 요구된다.

- 영유아교육의 확대에 따라 기관에서의 생활지도의 비중이 증가되고 있다. 영유아교육이 점차 일반화되고 공교육화되어감에 따라 대부분의 영유아가 교육기관에서 교육받을 기회가 확대되고 있다. 이에 보다 체계적이고 효과적인 생활지도가 이루어진다면, 영유아의 성장에 많은 도움이 될 것이다.

(2) 개인적 · 발달적 차원

개인적 · 발달적 차원에서의 생활지도의 필요성은 성격형성, 개인의 잠재능력발달 및 기본생활습관의 형성 측면에서 설명할 수 있다. 이들 내용을 살펴보면 다음과 같다.

- 영유아기 성격형성을 위한 생활지도의 중요성을 들 수 있다. 프로이트(Freud, 1948)는 인생 초기의 경험이 성격형성에 절대적인 영향력을 미친다고 주장한 바 있다. 또한 에릭슨(Erickson, 1950)은 신뢰감, 자율성 및 주도성과 같은 기본생활습관이나 성격요인 이 영유아기를 비롯한 어린 시절에 이루어져야 할 과업으로 보았다. 따라서 영유아기에 원만한 성격형성이 이루어지도록 지도하는 것이 개인의 성장발달의 근거를 마련하고 문제예방과 성장 촉진에 도움이 됨을 주지해야 한다.
- 생활지도는 개인의 잠재적인 능력의 발달을 위해서 필요하다. 인간발달의 원리에 의하면, 유전과 환경은 상호작용하며 개인의 발달에 영향을 미친다. 영유아는 생활지도를 통해 자신의 발달적 측면에

대한 이해를 도모하고, 자신의 잠재적인 능력을 발견할 수 있는 기회를 갖는다. 즉, 영유아는 생활지도를 통해 전인으로서의 인간발달의 형성을 조장하고, 영유아들이 자신에 대한 이해를 증진하여 자신의 능력을 신장시킬 수 있다.

- 생활지도는 영유아의 기본생활습관 형성을 위해서 필요하다. 생활지도를 통한 기본생활습관 형성은 앞으로의 전인발달의 기초가 되므로, 올바른 기본생활습관을 형성하도록 지도해야 한다.

2 영유아 생활지도의 목표

생활지도는 영유아 개인 스스로가 자신이 당면해 있는 생활이나 사회를 이해하고, 나아가 교육적 · 사회적 · 신체적 · 도덕적 문제 등을 해결할 수 있는 능력을 함양하도록 도와주는 과정이다. 모든 사람들은 영유아가 바람직한 행동을 할 수 있도록 지도하는 것에 동의할 것이다. 그러나 바람직한 행동이 무엇인지를 규정하는 기준은 사람마다 다르며 시대나 문화, 그리고 영유아의 연령에 따라서도 상이할 것이다. 따라서 부모나 교사가 영유아를 지도할 때 어떤 유형의 사람으로 자라기를 바라는지를 먼저 생각해 보아야 한다.

> 올바른 생활지도
>
> - 생활지도는 유치원 규칙을 잘 지키고 교사의 말을 잘 듣게 하는 표면적인 행동수정에 그 목적이 있는 것이 아니다.
> - 유아가 다른 사람과의 관계에서 긍정적인 방식으로 자신의 문제를 해결할 수 있는 자기통제능력을 키워주고 그 과정에서 겪을 수 있는 생활적인 좌절과 어려움에 탄력적으로 대응할 수 있는 회복능력(resilience)을 키워주는 것에 목적을 두어야 한다.

영유아 생활지도의 목표를 설정함에 있어, 다루기 쉬운 영유아로 지도하기보다는 사회에서 역할을 가장 잘 할 수 있는 영유아로 지도하는 것에 초점을 두어야 한다. 이에 영유아의 장기적인 생활지도 목표를 제시하면 다음과 같다(Fields & Boesser, 1994).

- 영유아가 긍정적인 자아감을 갖고 성장하도록 돕는다. 자기 존중감은 자신에 대한 가치, 자신의 능력, 자신의 영향력의 3요인에 의해 결정된다(Marion, 1991). 이는 자신뿐만 아니라 타인으로부터 가치를 인정받고 존중받으며, 자신이 상황을 조절할 수 있도록 허용될 때 키워진다. 특히, 긍정적 자아감은 타인으로부터 영유아가 존중받고 정당하게 평가받는 것에서 강화되므로, 영유아가 어떻게 취급받는가는 매우 중요하다. 따라서 생활지도는 영유아를 한 인격체로서 존중하는 것에서 출발하여야 하며, 이를 통해 긍정적인 자아감을 갖도록 지원해야 한다.
- 영유아가 자기 통제력을 갖도록 성장시킨다. 즉, 영유아를 위한 생활지도의 목표는 타인이 강요하여 따르기보다는 개인적 가치와 사회적 기대에 맞게 자신의 행동을 내적·자발적으로 조절할 수 있는 자기 통제력을 증진시키는 것에 있다.
- 영유아에게 도덕적 자율성을 갖게 한다. 생활지도는 벌칙이나 보상 체계와는 상관없이 다른 사람의 관점을 고려하여 스스로 도덕적 판단과 결정을 내리는 능력인 도덕적 자율성을 함양하게 하는 것이다. 그러므로 도덕적 자율성을 발달시키기를 원한다면, 생활지도 시 벌이나 보상을 사용하여 행동을 통제하는 방법 대신에 스스로 자신의 도덕적 가치를 구성하도록 격려할 필요가 있다.

3 생활지도의 일반적 원리

생활지도에서 영유아교사가 고려해야 할 일반적인 원리들을 제시하면 다음과 같다(조운주 · 최일선, 2004).

- 생활지도는 정상적인 모든 영유아를 대상으로 하는 활동이다. 이는 극히 일부의 문제를 발생시키는 영유아의 부적응 행동이나 이상행동에 대한 치료적 지도가 아니라, 정상적이고 건전한 모든 영유아를 대상으로 하는 적극적인 교육활동이다.
- 생활지도는 영유아의 자율적, 자발적 행동을 돕는 데 있다. 영유아들이 당면한 문제를 교사가 대신 해결하는 것이 아니라, 영유아 스스로가 해결할 수 있도록 기회를 마련해 준다. 즉, 영유아의 자율적 행동에 가치를 두며 스스로의 행동에 대한 책임이 수반되는 자기지도(self-guidance)를 할 수 있게 도와준다.
- 생활지도의 기본 성격은 처벌이 아닌 지도노력이라는 점이다. 흔히 훈육(discipline)이라는 명목 하에 바람직하지 않은 행동에 대하여 처벌을 사용하여 지도하였으나 이는 지양되어야 한다. 생활지도는 영유아 개개인의 인격을 존중 하며 그의 특성에 관심을 가져주고 도와준다는 교육적 · 인간적 지도노력이어야 한다.
- 생활지도는 예방을 목적으로 한다. 생활지도는 영유아에게 발생할 수 있는 교육적 · 사회적 · 정서적 문제를 예방하는 데 중점을 두어야 한다. 따라서 문제가 발생한 후, 문제를 제거하거나 교정하는 일보다 예방의 기능을 우선 시 해야 한다.
- 생활지도는 편견이 없는 정확하고 객관적인 절차에 의해 이루어져야 한다. 생활지도 활동은 복잡한 영유아의 행동문제와 관계된다. 영유아를 이해하기 위하여 다양한 검사를 실시하기도 하고 심층적

인 자료를 수집하기도 한다. 여러 가지 도구와 방법, 객관적인 분석을 통한 계획적 노력에 의해 그 지도 효과를 기대할 수 있을 것이다.

4 영유아 생활지도의 영역과 활동

생활지도는 영유아의 발달 단계와 발달과업을 중심으로 그 영역이 정해진다. 영유아기에는 기본생활, 집단생활, 문제행동 등 이 시기에 배우지 않으면 안 될 기본적인 생활지도가 이뤄져야 한다. 이들 생활지도 영역과 활동에 대하여 제시하면 다음과 같다.

1) 기본생활습관

기본생활습관이란 인간이 살아가는 데 기본이 되는 생활전반의 지식과 기술 등을 포함한 행동 양식을 익혀 습관화하는 것을 의미한다. 이는 인간의 개인적인 필요차원을 넘어 더불어 살아가는 사회인으로서 주변 환경과의 관계를 잘 관리하는 것으로 반드시 갖추어야 할 덕목이다.

올바른 기본생활습관은 그 사람의 성격 형성이나 성장과 더불어 계속되는 사회화에 매우 긍정적인 영향을 끼치므로, 영유아기 초기부터 잘 형성되도록 지도해야 한다. 그 이유로 영유아기는 발달의 가소성을 가지고 있으므로, 습관이 어느 한 시점에 고착되기 이전에 좋은 습관을 가질 수 있도록 지도해 주어야 하기 때문이다. 기본생활습관의 영역별 지도내용 및 지도 방법은 다음과 같다.

(1) 기본생활습관의 영역별 지도내용

기본생활습관의 영역에는 식사지도, 배변지도, 수면지도, 청결지도, 안전지도 및 예절지도가 있다. 영유아교육에서 다루어질 수 있는 기본생활습관 지도내용(활동)을 제시하면 표 9.1과 같다.

표 9.1 기본생활습관의 영역별 지도내용(활동)

구분	지도내용(활동)
식사 지도	• 음식을 만드신 분들에게 감사하는 마음을 갖는다. • 식사시간 전에 손을 씻는다. • 식사는 조용히 앉아서 먹는다. • 편식하지 않고 음식을 골고루 먹는다. • 음식을 남기지 않고 먹는다. • 음식을 흘리지 않는다. • 입안에 음식물을 넣은 채 이야기하지 않는다. • 음식은 조금씩 먹고, 천천히 꼭꼭 씹어 먹는다. • 다른 사람이 식사를 마칠 때까지 기다린다. • 식사 후에는 반드시 식기와 수저 등을 정돈하여 놓는다. • 식당에서는 돌아다니지 않고 음식이 나올 때까지 자리에서 기다린다.
배변 지도	• 화장실을 깨끗하게 사용한다. • 화장실에 있는 기기의 정확한 사용법을 안다. • 화장실 내의 휴지를 아껴 쓰고 쓰레기통에 버린다. • 규칙적으로 대소변을 보는 습관을 기른다. • 대소변 후에는 손을 씻는다. • 화장실에 들어가기 전에 노크를 한다. • 화장실을 나올 때는 문을 닫는다. • 화장실에서만 배변을 한다.
수면 지도	• 일찍 자고 일찍 일어난다. • 자기 전에 음식물을 먹지 않는다. • 자기 전에 대소변을 보고, 양치질 및 세수를 한다.
청결 지도	• 매일 아침저녁으로 양치질을 하고 세수를 한다. • 목욕을 자주 한다. • 식사 전후나 대소변 후에는 손을 씻는다. • 길이나 아무 곳에 침이나 가래를 뱉지 않는다. • 길에서 껌이나 휴지를 함부로 버리지 않고, 쓰레기통에 버린다. • 공공시설물을 깨끗이 사용한다. • 벽이나 책상에 낙서를 하지 않는다.

(계 속)

구분	지도내용(활동)
안전 지도	• 교통사고를 예방한다. • 낙상사고를 예방한다. • 화상사고를 예방한다. • 질식사고를 예방한다. • 화재사고를 예방한다. • 감전사고를 예방한다. • 물놀이사고를 예방한다.
예절 지도	• 부모님과 어른께 높임말과 고운 말을 사용한다. • 웃어른이 말씀하실 때는 잘 듣고 끝나기를 기다렸다가 공손히 대답한다. • 도움을 받거나 잘못했을 때 적절하게 말을 한다. • 여럿이 모여 있을 때 말하고 싶으면 끝나기를 기다렸다가 말한다. • 친구와 관련된 언어예절을 지킨다. • 잠자기 전이나 일어나서 인사를 한다. • 외출할 때나 돌아올 때 인사를 한다. • 상황에 맞게 인사를 한다. • 대상에 맞추어서 인사를 한다. • 웃어른께 물건을 드리거나 받을 때 공손히 두 손으로 드리거나 받는다. • 자기 물건이 아닌 것은 허락받고 만지거나 사용을 한다. • 친구 집에 갈 때 어른의 허락을 받는다.

(2) 기본생활습관의 지도 방법

영유아에게 좋은 생활습관을 형성시켜 주기 위한 일반적 원리를 제시하면 다음과 같다(장선철, 1995).

- 영유아의 자율성을 신장하는 데 초점을 맞추어야 한다. 명령과 지시에 의한 맹목적인 복종을 요구하거나 강화나 보상의 원리만을 강조한 훈련은 장기적인 효과를 기대하기 어렵다. 따라서 영유아 스스로 자신을 자율적으로 통제하고 문제를 자발적으로 해결할 수 있는 힘을 길러줘야 한다.
- 영유아들의 협동심을 신장하는 데 초점을 맞추어야 한다. 영유아의 기본생활습관은 자신과 관계된 사람과 주변 환경과의 관계를 고려

함으로써 형성되기 때문에 서로가 공동의 목표를 위해 협력하는 성향을 키워주어야 한다.

- 실제 경험을 통한 체험교육이 되어야 한다. 실생활에서 영유아들에게 바른 생활습관을 경험할 수 있는 기회를 충분히 제공하여 자신의 생각과 느낌을 표현하고 교환할 수 있게 함으로써 올바른 생활습관을 형성하도록 한다.
- 체계적이고 지속적인 교육이 일관성 있게 이루어져야 한다. 기본생활습관은 한 가지 행동을 반복하는 과정에서 획득한다. 그리고 영유아 스스로가 무의식적으로 생활 속에서 습관이 자연스럽게 정착될 수 있도록 규칙적으로 연습할 때 비로소 형성된다. 이러한 습관이란 하루아침에 형성되는 것이 아니므로 조급히 서두르지 않고 끈기와 인내를 갖고 지도해야 한다.
- 영유아에게 부모나 교사가 행동의 모범을 보여야 한다. 언어를 통한 일반적인 지시나 훈육보다 성인이 보여주는 모델은 유아들의 생활습관 형성에 영향을 주므로 바람직한 모델을 제공해 주어야 한다.
- 영유아들이 스스로 하고자 하는 의욕, 즉 동기유발을 고려해야 한다. 이를 위해 교사와 부모는 영유아 스스로 참여할 수 있는 환경을 조성하고, 영유아가 바람직한 행동을 보일 때는 적극적인 칭찬과 격려를 제공함으로써 기본생활습관을 형성하도록 유도한다.
- 영유아 개개인의 발달 단계 및 습관형성의 시기를 고려해야 한다. 영유아들은 개개인마다 발달속도 및 개인차가 있기 때문에 개인수준에 맞는 적절한 내용을 선정하여 지도할 필요가 있다.
- 영유아의 기본생활습관 형성에 대한 주기적인 평가가 이루어져야 한다. 주기적인 평가를 통해 유아 개인별 특성수준을 파악하여 이를 교육활동에 반영함으로써 질적 변화를 도모한다.

2) 집단생활

영유아는 혼자서 생활하는 것이 아니라 가정의 구성원으로서, 영유아교육기관의 구성원으로서, 그리고 지역사회의 구성원으로서 생활한다. 따라서 영유아가 속해 있는 집단 속에서 영유아에게 주어진 규칙이나 규범을 지켜나가는 것은 매우 중요하다. 집단생활 지도는 집단에 소속된 영유아가 자신의 문제가 무엇인지를 발견하고 이 문제를 해결하는 과정에서 자발적으로 참여하여 해결능력을 함양시키는 데 있다. 집단생활 지도의 내용 및 지도 방법을 제시하면 다음과 같다.

(1) 집단생활의 지도내용(활동)

영유아교육기관에서 다룰 수 있는 집단생활 영역으로는 집단규칙, 갈등, 친사회적 행동을 들 수 있다. 영역별 구체적인 지도내용(활동)을 살펴보면 표 9.2와 같다.

표 9.2 집단생활의 영역별 지도내용(활동)

영 역	지도내용(활동)	
집단규칙	• 가정에서의 규칙 알고 지키기 • 영유아교육기관에서 놀이규칙 알고 지키기 • 공공장소에서 규칙 알고 지키기	
갈 등	• 소유갈등 감소시키기 • 침해행동에 대처하기 • 힘겨루기 최소화하기	• 규칙위반에 대응하기 • 친구의 공격성에 대응하기 • 친구 놀리지 않기
친사회적 행동	• 도와주기 • 기다리기 • 나누어 갖기 • 감정이입하기	• 양보하기 • 바르게 행동하기 • 협동하기

(2) 집단생활의 지도 방법

집단생활 지도를 위한 일반적인 원리를 제시하면 다음과 같다(박성수 · 유효순, 1995).

- 규칙을 정한다. 규칙은 매우 구체적으로 분명하게 설명한다. 그러나 위협적인 전달은 바람직하지 않으며, 규칙이 왜 필요한가를 이야기 한다.
- 영유아의 자기통제의 지원으로, 이 기법은 영유아 스스로 훈육할 수 있는 능력을 개발하여 스스로 잘못된 행동을 고치고 좋은 행동습관을 기를 수 있도록 격려하는 것이다. 구체적으로는 헛기침, 주시 등과 같은 신호, 접근통제, 관심을 환기시키거나 유머를 사용하는 방법 등을 들 수 있다.
- 상황적 원조로, 어려움을 극복하도록 돕거나 일상적인 일을 예측 가능하도록 구조화하거나 처벌형태가 아닌 추방, 제지, 유혹적인 자극의 제거 등을 통해 지도하는 방법이다.
- 현실과 가치평가로 영유아에게 보다 건설적인 행동을 하도록 격려하고 앞으로의 결과를 예측해 보는 능력을 강화시키는 방법이다. 구체적으로는 행동과 결과의 관련성에 대해 직접적으로 호소를 하거나, 비평과 격려, 규칙에 대한 한계 설정, 감정이 고조되거나 불안감이 조성된 상황의 사후 검토, 영유아의 행동을 분석하여 행동을 이해하도록 돕는 해석의 활용 등이다.
- 벌의 사용을 들 수 있는데, 벌은 부정적인 영향이 많으므로 신중해야 한다. 벌을 사용할 때는 분명하게 그 이유를 밝혀야 한다. 벌에는 특권의 억제 혹은 박탈, 추방 혹은 격리, 외부 권위에의 호소, 개별 면담의 방법 등을 사용할 수 있다.

3) 문제행동

(1) 사회성 문제

발달이 왕성한 영유아기는 한 개체로서 살아가려는 생리적인 욕구뿐만 아니라 애정, 소속감, 사회적 승인, 독점 등의 인격적 · 사회적 요구가 강하게 나타나는 시기이다. 이 시기의 영유아들은 그를 둘러싸고 있는 사회의 공통의 목표 즉, 사회적 행동의 규준이나 기대되어지는 역할과 행동에 맞게 생활하도록 해야 한다(김충기 · 장선철, 2002).

그렇지 못할 경우 사회적인 문제행동을 나타내게 되는데, 문제행동 유형 및 일반적인 지도 원리를 제시하면 다음과 같다.

① 문제행동 유형

일반적으로 영유아의 사회성 문제행동 유형에는 공격성, 고립, 훔치는 행동, 거짓말이 있다. 유형별 특성을 살펴보면 표 9.3과 같다.

표 9.3 사회성 문제행동 유형 및 특성

유형	특성
공 격 성	다른 영유아 또는 동물에 상처를 입히거나 물건을 파괴하는 부정적인 행동을 보이는 경우
고 립	또래와 관계를 형성하지 않거나 다른 영유아로부터 배척당하는 경우
훔치는 행동	자신의 소유물이 아닌 것을 소유하고 있는 경우
거 짓 말	진실이 아닌 말을 의도적으로 하는 경우

② 문제행동의 지도

영유아의 사회적인 문제행동은 사회 환경에 적응하기 위한 생활능력과 기술을 습득하지 못했거나, 부모의 잘못된 양육태도로 인해 사회화되어야 하는 행동에 여러 가지 지장을 가져온 것 등이 원인으로 작용한다.

사회적인 문제를 가진 영유아를 지도하는 기본원리를 제시하면 다음과 같다.

- 사회적인 문제를 예방하도록 주의를 기울여야 한다. 즉, 문제가 표면화되기 이전인 초기 잠복상태에서 정확히 문제를 찾아내어 예방하도록 하는 것이 보다 효과적이다.
- 외형적인 변화나 일시적인 개선보다는 심리적인 변화가 일어나도록 한다. 위협이나 벌을 사용하면 외형적으로는 즉각적인 효과를 얻을 수 있다. 하지만, 지속적인 효과를 기대할 수는 없음을 인식하고 심리적인 변화가 동반되도록 노력해야 한다.
- 영유아가 나타내는 문제행동은 언어로 표현할 수 없는 심리적인 긴장을 행동으로 표현한 것이므로, 표면적인 증상이 아닌 문제행동의 본질을 이해하고 근본적인 원인을 해결하도록 해야 한다. 이를 위해 영유아의 내면세계를 이해하고 공감적인 태도를 취한다.

(2) 정서 문제

발달 초기에 영유아는 어머니와의 기본적인 정서관계에서 그리고 그 후에는 영유아를 둘러싼 가족이나 또래관계의 정서적인 교류에서 심리적 갈등이 커지게 되면 문제가 발생한다. 외부로부터의 정서적인 자극에 대해 극복할 만큼 자아가 성숙하지 못하기 때문에 이로 인해 문제행동이 발생하게 되는 것이다(김나영 · 이승희, 2002).

정서적인 문제행동 유형 및 지도내용을 제시하면 다음과 같다.

① 문제행동 유형

유아의 정서문제와 관련된 문제행동 유형에는 격리불안, 대물 애착, 강박관념, 주의력 결핍 과잉행동, 스트레스, 성적 문제, 우울 등이 있다. 문제행동 유형별 특성을 제시하면 표 9.4와 같다.

표 9.4 정서문제 유형 및 특성

유형	특성
격리불안	양육자의 지속적인 유대감 결핍으로 양육자가 없어지면 심한 불안감을 나타내는 경우
대물 애착	양육자의 지원을 받지 못한 유아들이 환경을 탐색하는 과정에서 불안감을 해소하기 위해서 물건에 애착을 보이는 경우
강박적 행동	어떤 사실에 충실해야 한다는 생각 때문에 자신의 행동을 지나치게 제한하는 경우
주의력 결핍 · 과잉행동	주의력의 부족, 충동적인 행동과 과잉행동을 보이는 경우
스트레스	긴장, 불안, 좌절, 압박, 걱정으로 인한 생리 · 심리적인 반응이 나타나는 경우
성적 문제행동	성에 대한 호기심이 증가되면서 부적절한 성적 행동을 나타내는 경우
우 울	지속적으로 우울한 증세를 나타내는 경우

② 문제행동의 지도

정서상의 문제는 심리적으로 적응에 실패한 상태이다. 이러한 정서상의 문제는 그대로 방치하면 왜곡된 성격으로 고착될 수 있으므로 조기에 발견하고 지도할 필요가 있다. 여러 가지의 정서적인 문제행동의 발생을 방지하기 위해서는 바람직한 정서적인 교류가 중요하다. 부모나 교사는 영유아와의 관계에서 함께 감동할 수 있는 마음을 갖는 것이 필요하다. 교사나 부모는 표면적인 행동만으로 전체를 평가하거나 자신의 주관적 또는 감정적인 평가를 하는 경우가 많으므로 주의해야 한다.

영유아의 정서발달 지도가 바람직하게 이루어지기 위해서는 정서발달에 영향을 주는 다음의 요인을 검토할 필요성이 있다.

- 영유아의 신체적인 상태를 점검한다. 영유아는 신체적으로 건강할 때 즐거움을 느끼고 강화를 받는 반면에 신체가 허약한 경우에는 불쾌감을 갖고 무력감을 갖는다.
- 영유아의 감정 상태를 파악한다. 부모나 교사는 영유아가 자신의 감정과 생각을 인식하도록 하는 과정을 통해 타인의 감정과 생각을 고려하도록 격려한다. 그리고 즐거운 정서를 갖고 일상생활을 할 수 있도록 미리 부정적인 정서의 발생요인을 차단해 주도록 노력한다.
- 영유아의 주변 환경을 점검한다. 영유아가 자신의 정서적인 어려움을 자연스럽게 표현하고, 감정을 전달할 수 있는 수용적 분위기를 조성해 준다.

(3) 인지 및 언어 문제

인지 및 언어 문제는 사회·정서적인 문제행동과는 달리 선천적인 요인에 의해 형성되는 경우가 많다. 이러한 문제행동은 조기에 발견되어 적절한 지도가 이루어진다면 문제해결의 가능성이 상대적으로 높아질 수 있다. 따라서 교사와 부모는 영유아의 인지 및 언어문제에 지속적인 관심과 노력을 기울여야 한다. 인지 및 언어 문제의 행동유형 및 지도방법을 제시하면 다음과 같다.

① 문제행동 유형

영유아의 인지 및 언어 문제와 관련된 행동 유형에는 자폐, 학습장애 및 언어장애 등이 있다.

문제행동 유형별 특성을 제시하면 표 9.5와 같다.

표 9.5 인지 및 언어문제 유형 및 특성

유 형	지도 내용
자 폐	주변사람과의 관계형성을 거부할 뿐 아니라 행동에서 여러 가지 문제를 나타내는 경우
학습장애	지능은 비교적 보통 수준이나 학습을 해나갈 수가 없어 학업의 저하를 보이는 장애
언어장애	또래에 비해 현저하게 어휘, 문장, 발음, 이해 및 의사소통에 문제가 있는 경우

② 문제행동의 지도

영유아의 인지 및 언어 문제를 해결하기 위한 일반적인 지도원리을 소개하면 다음과 같다.

- 불인이나 긴장을 제기하여 자유롭게 말할 수 있는 허용적이고 개방적인 분위기를 조성한다. 이러한 분위기에서 교사나 부모는 영유아의 인지·언어적인 문제를 인정하면서 서서히 수정하도록 지도한다.
- 어른이 훌륭한 모델이 되어야 한다. 교사나 부모는 항상 정확한 언어를 구성하여 영유아에게 좋은 모범을 보여야 한다.
- 개별적인 수준을 고려하여 지도한다. 언어·인지적인 문제를 가진 영유아들은 개인차가 크기 때문에 개별적으로 지도하는 것이 바람직하다.
- 적극적으로 칭찬과 격려를 한다. 문제행동 지도 시 칭찬과 격려와 같은 적절한 반응을 하여 영유아들에게 긍정적인 자신감을 갖도록 해준다.

5 영유아 상담

1) 영유아 상담의 개관

영유아 상담은 성인상담과 결코 동일한 방법으로는 이루어질 수 없다. 왜냐하면 유아는 성인처럼 자신의 어려움을 이야기하기 위해 스스로 상담실을 찾는 일도 없고, 자신의 어려움을 해결하기 위해 상담자와 테이블을 가운데 두고 마주 앉아 이야기하는 경우도 흔하지 않기 때문이다. 만약 상담이 이루어진다고 해도 상담자와 말을 하는 영유아는 별로 없을 뿐더러 대부분의 영유아들은 말을 하려고 하지도 않을 것이다.

영유아는 자신의 문제에 대한 인식이 전혀 없는 상태에서 부모에게 이끌려 상담실을 찾게 된다. 또한 영유아가 자신의 고통스런 문제에 대하여 자유롭게 말하게 하기 위해서 영유아 상담자는 언어적 상담기술과 함께 여러 가지 치료적 매체를 도입해야 한다. 영유아의 변화는 이러한 매체와 함께 언어적 상담기술이 결합될 때만이 가능하다.

영유아 상담자에게 있어서 영유아 상담의 목적과 특성에 대한 충분한 이해는 무엇보다 중요하다. 영유아 상담의 목적을 분명히 하고, 이 목적이 어떻게 달성될 수 있는지에 대한 상담자의 확고한 생각은 성공적인 상담을 위한 필수조건이기 때문이다.

(1) 영유아 상담의 목표

영유아 상담에 적용되는 기본 목표들을 정리하여 제시하면 다음과 같다.

- 영유아가 고통스런 정서문제를 치유할 수 있게 한다.
- 영유아가 생각, 감정, 행동에서 어느 정도 일치할 수 있게 한다.
- 영유아 자신의 장점은 장점대로 단점은 단점대로 수용하여 자신을 긍정적으로 느끼게 한다.
- 영유아가 부정적 결과를 가져왔던 행동을 변화시킬 수 있게 한다.
- 영유아가 환경(예: 영유아교육기관이나 가정에서) 안에서 편안하게 행동할 수 있게 한다.
- 여섯째, 영유아가 발달적 이정표를 성공적으로 수행할 수 있는 기회를 최대화한다.

(2) 영유아와 상담자 간의 관계

영유아 상담에서 영유아와 상담자 간의 관계는 성인상담 이상으로 중요하다. 따라서 상담자는 영유아와의 라포(rapport) 형성이 성공적인 상담 관계를 이끄는 중요 요소라는 점을 인식해야 한다. 또 영유아와 상담자 간 관계는 부모와 상담자 간의 관계에 영향을 받기도 하며 영향을 주기도 한다는 점에서 영유아 상담은 성인상담과는 다른 독특한 측면을 가지고 있다. 효과적인 상담을 위한 영유아와 상담자 간의 관계 특성을 간략히 제시하면 다음과 같다(조운주 · 최일선, 2004).

① 상담자는 영유아의 세계와 만나야 한다

영유아는 자신이 처한 환경을 그들의 부모와 너무도 다른 방식으로 지각한다. 상담자는 영유아의 지각의 세계와 만나서 작업해야 한다. 영유아와의 작업은 상담자의 가치, 믿음, 태도에 영향을 받아서는 안 되며, 상담자는 판단이나 비판 없이 영유아의 지각의 세계에 머물러야 한다.

② 영유아와 상담자 간의 관계는 둘만의 독점적 관계여야 한다

영유아와 상담자 간의 신뢰로운 관계는 둘만의 독점적 관계를 통해 이루어진다. 영유아는 상담자와 부모 혹은 형제 그 어떤 타인에게도 방해받거나 위태롭게 되지 않는 관계를 경험해야 한다. 부모가 이같은 영유아와 상담자 간의 독점적 관계를 수용하기 위해 부모에게 영유아 상담의 일반적 특성을 이해시키는 것 또한 상담자의 역할이다.

상담 회기 동안 있었던 것이 외부에 노출되지 않고 상담자와만 공유될 수 있다는 사실은 상담관계에 대한 신뢰를 더욱 크게 하여 영유아가 지금까지 감추고 있던 감정이나 생각을 자유롭게 이야기하게 해준다.

③ 영유아와 상담자 간의 관계는 안전해야 한다

상담자는 영유아가 안전감을 갖고 행동하고 자신의 감정을 자유롭게 표현하도록 허용적 환경을 제공해야 한다. 영유아가 안전함을 느끼기 위해서는 허용 안에서의 구조가 필요하다. 구조에는 영유아, 상담자, 상담 시간, 상담이 끝나는 시간을 지키도록 하는 것 등이 포함된다.

④ 영유아와 상담자 간의 관계는 진실해야 한다

진실한 관계는 영유아, 상담자, 둘 모두 정직하고 솔직할 때만이 가능하다. 상담자가 자신의 본래 모습이 아닌 다른 사람으로 가장할 때는 진실한 관계를 만들어 낼 수 없다. 상담자가 자신의 모습을 솔직하게 보여줄 때 영유아도 자신이 아닌 다른 사람으로 가장할 필요를 포기하게 되면서 자신의 내적 모습을 그대로 보여준다. 진실된 관계에서는 영유아, 상담자 모두 순수하고 자연스럽게 발생되는 감정을 억제하거나 억압할 필요가 없으며 불필요한 불안을 경험할 일도 없다.

진실한 관계가 되기 위해서는 상담에서 다루는 문제의 심각성이나 이에 수반되는 강한 정서 때문에 때론 진지해질 수도 있다. 하지만 진실한 관계는 영유아와 상담자 간의 재미있고 즐거운 상호관계를 촉진시키기도 한다.

⑤ 영유아와 상담 간의 관계는 비밀스러워야 한다

영유아가 안전함을 느끼면서 자신의 생각이나 감정을 상담자와 공유하기 위해서는 어느 정도의 비밀스러움이 필요하다. 비밀스러움이란 영유아와 상담자 간의 공유된 정보가 다른 사람에게 노출되지 않음을 의미한다. 그러나 영유아학대 같은 사건 등은 다른 사람과 반드시 공유되어야 하므로 상담시작 초기에 비밀유지의 한계에 대해 영유아와 논의하는 것이 필요하다. 어떤 정보는 반드시 공유되어야 하는지, 정보를 다른 사람에게 노출시킬 때는 어떤 방법을 취할지에 대한 방법은 영유아가 선택하도록 한다.

⑥ 영유아와 상담 간의 관계는 침입적이어서는 안 된다

상담과정에서 상담자의 많은 질문은 어떠한 경우에도 바람직하지 않다. 영유아는 누구와도 나누기 싫은 것에 대해 질문을 받는 것을 두려워한다. 이런 두려움을 느끼게 되면 영유아는 침묵하게 된다. 그러나 영유아에게 질문하고 영유아의 가정환경 등에 대해 탐색하는 것이 영유아의 세계를 이해하는 유일한 방법이기에 상담자는 영유아에게 조심스럽게 다가가는 태도를 가져야 한다.

⑦ 영유아와 상담자 간의 관계는 목적을 가져야 한다

영유아가 왜 상담자를 만나러 오는지를 정확히 알 때 상담과정에 열의를 갖고 참여하게 된다. 대부분 부모들은 불안 때문에 상담실 문 앞에 올 때까지 왜 오는지에 대해 이야기하지 않는다. 이때 영유아는 어떤 일이 벌어질지 몰라 더 당황해하고 불안해한다. 그러므로 상담자는 영유아가 정확한 이해를 하도록 도와야 한다.

영유아가 상담을 받으러 온 이유를 명확히 알 때 상담관계는 보다 계획적이고 목적적인 관계가 될 수 있다. 일반적으로 상담회기 동안에 포함되는 놀이나 다른 활동이 의도적인 과정이 될 수 있도록 이끄는 것도 상담자의 과제이다. 그러나 이는 놀이가 상담자에 의해 지시된다는 것을 의미하는 것은 아니다. 놀이는 영유아에 의해 전적으로 만들어지고 통제되어야 하며 이런 과정에서만이 놀이가 치유적 힘을 발휘할 수 있다.

(3) 영유아 상담에 있어서 매체와 활동을 활용한다

영유아는 자신의 문제, 생각, 감정을 언어로 표현하기 힘들다. 말로 이것들을 표현할 수 있는 영유아들이라도 대화만으로의 만남은 곧 지루해하고 싫증을 낸다. 따라서 영유아 상담에는 영유아가 이야기를 할 수 있도록 하는 다양한 매체와 활동이 도입되어야 하며, 이것이 치료적 효과를 가져 올 수 있는 방식으로 다뤄져야 한다. 언어적 상담기술과 매체가 함께 사용될 때만이 영유아가 그들의 이야기를 매체에 투사하면서 자신들의 감정과 만나고 이를 표현할 수 있게 된다.

매체와 활동의 도입은 다음과 같은 점에서 상담에 긍정적 효과를 줄 것이다.

- 영유아가 상담 회기 동안 하고 있는 것에 대해 이야기하게 한다.

- 영유아가 현재 상담 안에서의 경험과 과거의 사건을 관련짓도록 돕는다.
- 영유아가 정서적으로 미해결된 문제를 탐색하도록 돕는다.
- 영유아가 억압된 감정에 접근할 수 있도록 돕는다.

영유아 상담에 도입되는 매체들에는 가상놀이 도구, 상징놀이 도구, 조작적 놀잇감, 미술활동 재료, 작은 모형 사람과 동물, 점토, 부드러운 천 인형, 치료용으로 개발된 각종 게임, 다양한 이야기 책, 모래상자, 각종 지필자료(worksheet) 등이 있다. 이러한 매체들은 질적 속성에 따라 다음의 네 가지 범주로 분류될 수 있다.

① 개방적이고 확장적인 매체

아무런 제약이나 경계 없이 표현의 자유를 줄 수 있는 매체들이다. 유연하고 유동적이며 촉각적 요소를 경험할 수 있게 해 주는 매체들도 이에 속한다. 예를 들면, 상상적 가상놀이는 비구조적 이야기를 만드는 과정에서 영유아가 원하는 변화를 만들어 가며, 핑거 페인팅이나 점토 등은 촉각적 요소를 경험하게 하고 완성을 위해 특정 기술이 필요하지 않기 때문에 영유아는 실패의 경험을 하지 않아도 된다.

② 기능적이고 조작적인 매체

세부적인 것에 주의를 기울이며 작업하면서 기대하는 결과물을 만들어 내야 하기 때문에 영유아에게 다소의 긴장감과 함께 도전감을 경험하게 한다. 블록놀이의 종류들이 이에 속할 수 있다.

③ 친숙하고 안정적인 매체

단순 반복적이고 전형적인 놀이 경험을 제고해 주는 매체들이다. 영유아들은 매체를 사용하면서 안정감을 느끼고 무엇인가 예측할 수 있는 기회를 갖는다. 예를 들면, 대부분의 영유아들은 상징적 가상놀이를 하면서 이미 친숙한 주제를 반복한다. 이러한 활동은 혼란스럽고 불안정한 환경을 경험한 영유아들에게 특히 유용하다.

④ 교육적인 매체

규칙의 학습과 규칙의 수용과 거부를 동시에 경험할 수 있는 기회를 제공해 주는 매체이다. 치료용으로 개발된 각종 게임이나 지필 매체(워크시트) 등이 이에 속한다. 목적을 향한 활동을 하는 과정에서 문제해결력과 지식을 쌓을 수 있다.

2) 상담의 이론적 접근

영유아 상담의 이론적 접근은 내담자가 영유아임을 고려하여 복잡한 상담 이론보다 실제 접목 가능한 몇 가지 핵심적인 이론만으로 국한하여 제시하고자 한다(김희수, 2010). 다만 영유아들은 아직 어리므로 정신분석적 상담과 현실치료적 상담보다는 행동주의적 상담, 인본주의적 상담 및 합리적-정서적 상담을 권장한다.

(1) 정신분석적 접근

정신분석적 상담은 프로이트(Freud)에 의해 창시·개발되었고 상담과 심리치료에서 최초로 체계화되어 적용된 이론이다. 정신분석학적 접근은 비정상적인 행동을 이해하고 치료할 뿐만 아니라 정상적 인간행동을 이해하고 인간의 무의식적·의식적인 정신생활 내면을 탐구하기 위한 접근 방법으로도 중요한 역할을 하고 있다. 프로이트는 의식만을 대상으로 하는 종래의 전통적인 심리학으로 인간행동의 동기를 탐구하는 데는 부적당하다고 비난하고 인간의 사고와 행동을 지배하는 보다 큰 힘을 무의식으로 간주하였다. 무의식 속에 숨어있는 본능을 중심으로 인간 정신생활의 내면을 깊이 분석하였다.

프로이트

프로이트는 인간의 정상적 성격 발달은 성 심리의 발달 단계, 즉 구강기(oral) → 항문기(anal) → 남근기(phallic) → 잠복기(latency) → 성기기(genital)의 성공적인 해결과 통합에 기초한다. 그리고 성격구조의 기초는 쾌락원리에 따르는 원초적 본능(id), 현실원리에 따르는 자아(ego), 또 이상적 원리에 따르는 초자아(super-ego)에 의해 이루어진다. 한편, 불안한 기본적 갈등의 억압결과로 퇴행, 합리화, 투사, 반동형성, 승화 등을 들었고, 이들 자아 방어기제는 불안을 통제하기 위해 발달된 수단들이다.

여기에서 치료의 목표는 무의식을 의식화하는 것이고, 기본적인 성격을 재건하는 것이며, 과거의 초기경험을 재생하여 억압된 감정을 해소함으로써 지적 각성에 이르게 하는 것이다. 정신분석가와 내담자의 관계를 보면 내담자는 정신분석가에게 자신의 마음을 투사한다. 어릴 때의 미련(unfinished business) 때문에 현재를 왜곡하며 분석가에게 전이를 하는 가운데 그리고 합리적인 통제를 하는 가운데 발생하는 저항감, 즉 무의식적인 것을 산출하여 치료를 방해하는 것에 초점을 둔다. 내담자는 장기간 집중적인 분석을 받으며 갈등을 발견하기 위해 자유연상(free association)을 한다. 그리하여 내담자는 말하는 가운데 통찰력을 얻는다. 분석가는 과거의 경험과 연결된 현재 행동의 의미를 가르쳐 주기 위해 그에 대한 해석을 가한다.

정신분석학에서 주로 사용되는 치료기법은 해석, 꿈의 분석, 자유연상, 저항 및 전이분석 등이다. 정신분석학적 상담과정을 제시하면 다음과 같다.

- 상담관계의 시작으로 영유아의 문제를 듣고 상담의 목표를 세운다.
- 전이의 발달 단계로서 영유아는 상담 장면에서 갈등과 부정적 감정을 표출하기 시작하며 신경증적 증세를 보인다.
- 전이의 해결로서 영유아는 상담 장면에서 부정적·신경증적 표출이 심해지며 상담자는 그 행동을 해석한다.
- 전이의 해결로서 상담자는 영유아의 반응을 격려하고 영유아는 차츰 신경증적 반응이 감소되고 이성적 자아의 통찰에 의한 현실적이며 합리적인 태도를 보인다.

정신분석학적 상담의 주요기법을 소개하면 다음과 같다.

① 자유연상법

영유아를 편안한 긴 의자에 눕히고 떠오르는 대로 자유롭게 말하게 한다. 영유아가 표현한 말 가운데 무의식적 동기의 단서가 되는 것을 찾아내고 해석하는 자료를 찾는다.

② 해석

상담자가 영유아의 꿈, 자유연상, 상담관계, 자유연상 등에서 나타난 행동의 의미를 지적하고 설명하는 정신분석적 상담의 기본절차이다. 그러므로 영유아의 자아를 일깨워 무의식적 갈등을 찾아내도록 촉진하게 된다. 상담이 진행되는 가운데 상담자는 해석의 수준을 심화시켜 저항과 방어를 지적하고 무의식적 감정과 갈등까지도 해석한다.

③ 꿈의 분석

무의식적으로 억압된 문제를 찾아냄으로써 영유아로 하여금 무의식적 욕구를 알게 하여 통찰력을 얻게 하는 절차이다. 잠자는 동안에는 방어가 약해져 억압된 감정들이 표면화 된다. 꿈은 영유아가 부딪치는 갈등과 장애의 반영이므로 꿈을 분석할 때는 꿈의 내용이 아닌 꿈에서 나타나는 상징적 의미에서 갈등을 찾는다.

④ 저항의 분석

저항은 상담의 발전을 저해시키고, 영유아가 무의식적 욕구를 표출하는 것을 방해하는 것이다. 그러므로 상담시간을 어기거나 엉뚱한 핑계를 대거나 트집을 잡는 등 여러 가지 부정적 표현을 하게 되는데, 이는 자신의 무의식이 노출되는 것이 불안하기 때문이다. 이에 상담자는 영유아로 하여금 이러한 저항에 용감하게 직면하고 자신을 통찰, 수용할 수 있도록 유도한다.

⑤ 전이의 분석

전이란 영유아가 과거에 중요한 인물에게 느꼈던 감정을 상담자에게 옮기는 것이다. 상담이 진행됨에 따라 영유아는 과거에 경험한 타인과의 관계, 특히 부모-자녀 간에 이루어졌던 관계를 상담자에게 옮겨가게 되는데, 이러한 전이가 정신분석적 상담의 고비가 된다. 이때 상담자는 영유아를 이해하고 전이를 해소시켜 줌에 따라 영유아는 과거의 영향으로부터 벗어나게 되며 이후에 차차 자아가 성숙하게 된다는 것이다.

(2) 행동주의적 접근

스키너

파블로프(Pavlov)와 왓슨(Watson)의 고전적 조건화와 쏜다이크(Thorndike)와 스키너(Skinner)의 조작적 조건화에 기초한 행동주의 학습이론은 특정 행동장애의 치료에 적용하는 상담적 접근법이다. 이 이론에서는 행동이라는 학습조건을 조작하여 새로운 학습조건을 제시함으로써 변화시킬 수 있다고 본다. 그러므로 모든 부적응 행동도 조건형성의 여러 가지 법칙, 즉 강화, 소거, 일반화와 변별의 원리에 따라 소거시킬 수 있으며 바람직한 새로운 행동을 형성할 수도 있다. 즉, 학습을 통해 문제해결이나 성장을 촉진시키고 새롭게 형성시킨 바람직한 행동을 발달시킨다. 무엇보다도 조건화와 강화 개념을 중요시하고 새로운 태도와 행동을 발달시킬 뿐만 아니라 부적응 행동을 치료하고자 하는 것이 특징이다.

행동주의 상담 이론의 주요 개념을 소개하면 다음과 같다.

행동주의 접근의 상담과정으로는

- 변화시켜야 할 행동을 분명히 하고 이를 자세한 행동용어로 구체화한다.
- 바라는 목표행동의 방향을 설정하고 이를 자세한 행동용어로 구체화한다.
- 목표행동이 일어나도록 상담상황을 조정하며
- 내담자에게 강화될 수 있는 자극이나 사건을 확인한다.
- 바람직한 목표행동이나 그 행동에 접근하는 행동을 강화하고
- 목표행동의 변화를 기록하여 검토함으로써 상담효과를 평가한다.

이 상담에서 많이 사용되는 기법으로는 인지적 모델링과 사고통제, 체계적 둔감법과 근육이완 훈련, 토근법, 인지적 재구조화 등이 있다. 이들을 제시하면 다음과 같다.

① 인지적 모델링과 사고통제

상담자가 제시한 과제를 모델로 하고 영유아는 그 모델이 되어 자기 스스로를 지도하게 된다. 자신에게 큰 소리로 모델의 모습을 말하며 과제를 수행해 나간다. 사고통제는 영유아가 비생산적이거나 강박적인 사고를 통제하기 위해 사용된다. 상담자가 명령적 지도를 할 수도 있고 영유아가 자기 자신에게 제시하는 방식으로서 과제수행에 접근한다.

② 체제적 둔감법과 근육이완 훈련

영유아에게 불안을 가중시키는 상황을 상상하게 하여 불안상황을 고조시켜 나가는 동시에 불안으로 긴장된 근육을 이완시키면서 불안을 제거하는 것이다.

근육이완훈련은 정신적 불안과 신체근육의 이완이 양립할 수 없다는 이론에 근거하여 영유아의 불안치료를 위하여 근육이완 훈련을 실시하게 되는데, 이때 강도가 낮은 불안부터 점차 높은 단계로 상상하며 동시에 근육이완훈련을 하면 작은 불안에도 민감하게 긴장하던 근육이 점차 둔해지며 불안에 저항이 강해지게 된다.

③ 토큰법

토큰법은 스키너의 강화원리에 의한 조작적 조건형성을 적용시킨 것으로 행동주의 기법 중 가장 광범위하게 사용되고 있는 기법 중의 하나이다. 바람직한 행동을 보일 때 직접적으로 강화하지 않고 영유아가 원하는 여러 가지 물건과 교환할 수 있는 토큰을 보상으로 준다. 토큰법은 전문가나 문외한에 관계없이 폭넓게 창의적으로 사용할 수 있지만 수정된 행동을 어떻게 유지시키느냐가 관건이 된다.

④ 인지적 재구조화

영유아가 부정적이고 자기 패배적인 사고대신에 긍정적인 자기 진보적 사고를 갖도록 지도하는 체계적 기법이다. 따라서 자신의 마음속에 부적 자기 자신의 모습 대신 대응적인, 즉 건설적이고 생산적인 모습을 자기 진술하는 과정이다.

(3) 인본주의적 상담

로저스

인본주의적 입장에서의 인간 해석의 핵심은 개개인의 독특한 특성에 대하여 지대한 관심과 중점을 둔다. 이들의 주요 관심사는 알포트(Allport)가 언급하였던 인간의 존재와 성장에 있다. 그에 따르면, 인간은 계속 성장하고 있는 역동적인 생명체이며, 각기 독특하게 성장하는 과정을 가지는 특수체인 것이다.

이들의 주장은 인간은 본래 선하며 개인의 견해와 태도에 따라 환경의 영향을 받기 때문에 인간에게 인본주의적으로 창의성과 자기발전을 할 수 있는 환경을 조성해 주면 선하게 능동적으로 성장되어 갈 수 있다는 것이다.

따라서 인간은 심리적 부적응상의 요인들을 자각하는 능력과 부적응 상태에서 벗어나서 심리적 적응의 상태로 향하는 능력과 경향성을 가진다고 전제하고, 이러한 능력과 경향은 상담관계에서 길러진다고 본다. 그래서 상담은 내담자로 하여금 자기 자신에 대한 통찰과 자기이해를 발달시키도록 돕는 과정이다. 위협이 없고 허용적인 분위기에서 이루어지는 의사소통 및 인간관계의 경험을 통하여 자아의 발견과 수용을 이룩할 수 있게 한다. 따라서 상담전문가와 내담자 사이에 이루어지는 만남의 인간관계와 내담자의 개인적 세계를 선악의 판단 없이 있는 그대로 이해하고 수용하려는 상담전문가에 의한 온화하고 관심 있는 태도의 의사소통을 가장 중시한다. 그리고 상담전문가의 말과 행동 자체보다는 인간관계 경험을 더 강조한다.

인본주의적 접근 상담에서 영유아에게 지켜야 할 세 가지 조건을 제시하면 다음과 같다.

① 진실성

상담자의 태도를 진실성 혹은 일치성에 의미를 둔다. 진실성이란 상담면접 동안에 두 사람의 관계가 진지하고 진실하게 일치를 보이는 것을 말하며, 자유로운 분위기에서 거짓 없이 의사소통될 때 영유아는 자아개념과 일치하는 상태로 모든 것을 설명할 수 있게 된다.

② 정확한 공감적 이해

상담과정에서 영유아는 의사소통 내지는 상호작용하는 동안 경험과 감정에 대하여 민감하므로, 상담자가 영유아를 정확하게 이해하는 노력과 능력을 의미한다. 상담자가 인내심을 가지고 정확한 감정을 파악하려는 주의력으로 영유아의 말에 귀를 기울이는 노력이 있을 때 문제의 핵심이 발견될 수 있다.

③ 무조건 긍정적 존중

상담관계에서 상담자가 영유아를 차별, 비교, 편견, 평가, 비판 등의 관점으로 보지 않고 영유아의 모든 면을 있는 그대로 받아들이며 소중히 여기고 존중하는 상담자의 태도를 말한다.

(4) 합리적－정서적 상담

엘리스

합리적－정서적 상담(Rational-Emotive Therapy: RET)은 잘못된 사고와 신념체계가 개인문제의 근원이라고 보며, 이에 부합한 상담 및 심리치료기법을 뜻한다. 이 방법은 임상심리학자인 엘리스(Ellis)에 의해 제안되고 널리 보급된 기법인데, 매우 적극적 · 지시적 · 교육적이다. 또한 인지적 · 정의적 · 행동적 접근을 종합한 느낌을 준다. 이 접근 방법의 기본철학은 인간의 심리적 고통을 대부분 잘못된 사고와 신념체계에 의한 부정적 정서반응으로 보고, 사고와 신념체계를 합리적으로 개선함으로써 부정적인 정서, 즉 적개심, 분노, 열등감, 죄책감, 불안 등을 제거하거나 감소시키는 상담 및 심리치료의 기법이다(Gilliland, 1984).

그러므로 합리적－정서적 상담에서는 사고 · 판단 · 분석 · 행위 · 재결정은 인간의 인지적 · 행동적 측면을 강조하며, 치료 방법은 전반적으로 교훈적이고 재교육의 과정처럼 보인다. 즉, 내담자들의 사고형태를 교정하고 비합리적인 사고를 합리적인 사고로 대치시킴으로써 정신건강을 유지하도록 돕는다.

이 접근 방법의 치료목표는 내담자의 자기 패배적 인생관을 제거하고 더욱 통상적이고 합리적인 인생관을 획득하도록 돕는 것이다. 그 결과 인지적 · 정의적 · 행동적으로 조화된 삶을 영위하도록 하는 데 있다.

인간이 불행함을 느끼거나 신경증 발생, 그리고 심리적으로 병들게 되는 것은 비합리적인 신념 때문이라고 주장하며, 이 같은 현상은 다음과 같은 몇 가지의 관점에서 찾아볼 수 있다(박성수, 1986).

- 인간은 모든 중요한 사람으로부터 사랑받고 인정받아야 한다.
- 인간은 스스로 가치 있다고 생각하려면 모든 영역에서 빈틈없이 유능하고 성공을 거두어야 한다.
- 나쁘고 사악한 사람은 벌을 받아야 한다.
- 원하던 일이 실패로 돌아가면 끔찍하고 슬픈 일이다.
- 인간의 불행은 외적 조건에 의한 것이고 사람은 자신의 불행을 극복할 능력이 없다.
- 위험한 일이 일어날지도 모를 때에는 관심을 갖고 실제 일어날 것에 철저히 대비해야 한다.
- 삶의 어려움이나 책임질 일은 직면보다 회피하는 것이 더 쉽다.
- 인간은 타인을 의지해야 하며 자신이 의지할 수 있는 강력한 사람이 필요하다.
- 인간은 문제가 있을 때, 완전한 해결책을 찾아 해결하지 못하면 슬픈 일이다.
- 인간은 과거 영향에 의해 현재 행동의 결과를 초래하고 그것은 계속될 것이다.

이처럼 엘리스는 비합리적인 신념들이 부모에게서 배우고 사회에서 강화된 것으로 인간이 이러한 것에 계속 시달리게 되면 결국 정서적 장애를 일으킨다고 보았다. 결과적으로 상담자는 영유아에게 자기 왜곡된 지각과 비합리적 사고에 의해 심리적인 문제가 발생하게 된 것을 일깨워 주고 현실적이고 융통성 있는 사고로 재조직하도록 교육하는 것이다.

합리적-정서적 상담체계를 도식화로 제시하면 **그림 9.1**과 같다.

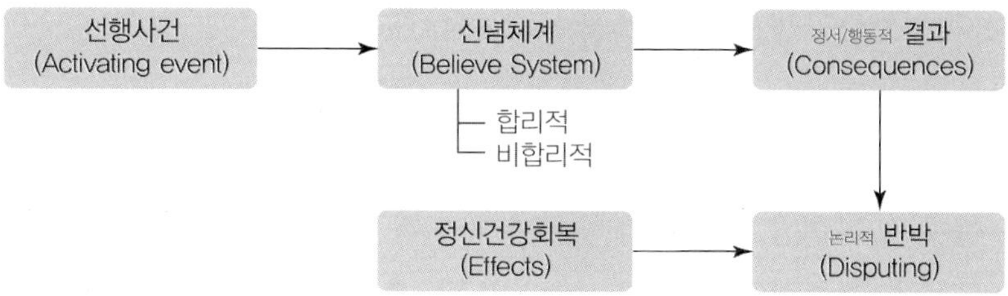

출처: 김희수(2010).

그림 9.1 REBT 상담체계

(5) 현실치료적 상담

현실치료적 접근기법은 글라써(Glasser)가 제안하였으며, 그는 정신과 의사로서 정신질환에 대한 당시 개념을 비판하면서 정신병과 신경증 같은 증상을 보이는 환자의 행동을 기술하고자 하였다. 현실치료의 목표는 자신에 대한 무책임한 사람으로 하여금 책임감을 갖도록 도와주는데 있다.

글라써

치료와 상담의 목표는 내담자로 하여금 현실적이고 책임있는 행동을 학습하여 성공적 정체감을 발달시키도록 하는 것이다. 또한 행동에 대한 가치판단을 하도록 돕고, 동시에 변화를 위한 행동계획을 결정하도록 하는 것이다. 이 접근에서 상담자 혹은 치료자의 주요과제는 내담자를 도와 현재의 행동을 평가하고 현실에 직면하게 한다. 결과적으로, 내담자가 바라는 특정의 변화가 정해지면 계획이 수립되고 실천되며 결과가 평가된다.

이 접근법은 기본적으로 적극적 · 지시적 · 교육적 방법의 하나로 볼 수 있다. 여기에서는 흔히 약속이나 행동계약이 사용된다. 그러나 의학적 진단이나 평가는 사용되지 않는다. 주로 내담자 자신이 해석을 하고 가치판단을 한다.

글라써는 모든 환자들은 자신의 주위를 둘러싸고 있는 현실을 부정하는 공통적인 특징이 있으므로, 환자의 현실세계의 요구에 대해서 성공적으로 대처하도록 도움을 제공해야 한다고 주장했다. 현실치료에서 치료자는 환자로 하여금 현실세계를 수용하도록 도와줘야 할뿐만 아니라 그의 욕구들을 충족시켜야 한다. 이렇게 될 때 환자는 장차 현실세계의 존재를 부정하지 않게 된다.

이 접근법은 교사들의 생활지도 및 상담, 심리치료에 널리 사용되고 있다. 현실치료 상담의 기본과정과 특징을 요약 · 정리하여 제시하면 다음과 같다.

- 현실치료적 상담에서는 정신장애나 신경증을 독특한 병으로 인정하지 않고 무책임의 결과로 본다. 그러므로 심리검사 등의 진단은 배제하고 있으며 정신건강은 책임감 있는 행동으로 간주한다.
- 현실치료에서 정신분석 상담자는 감정보다 태도를 태도보다는 행동을 중시한다. 현재의 행동이 현실적으로 목표달성에 적합한가를 지각하게 하여 행동변화에 따른 태도변화를 주장한다.
- 현실치료는 과거에 초점을 두지 않고 현재에 역점을 둔다. 과거는 고칠 수 없지만 현재와 미래는 변화 가능하다고 본다.
- 현실치료적 상담은 가치관을 강조한다. 그러므로 내담자가 자신의 행동을 판단할 수 있고 가치관에 따라 새로운 선택할 수 있도록 돕는다.

- 현실치료적 상담은 상담관계에서 서로 인격적이고 진지한 관계를 구축함으로써 현재의 욕구를 성취시키는 데 조력자가 될 수 있다.
- 현실치료적 상담은 의식적인 면을 강조하여 성공적인 정체감을 위해 어떤 행동을 할 것인가를 일깨우는 적극적이고도 지시적인 교육방법이다.
- 현실치료에서는 체벌, 질책 등을 배제하고 행동결과가 어떻게 되는가를 스스로 알게 한다.
- 현실치료에서는 책임감을 강조하며, 책임감은 욕구를 충족시키는 방법임을 알게 한다. 결국 중요한 개념은 인간의 기본욕구, 정체감, 책임, 욕구충족, 현재의 행동, 행동 대 감정, 태도, 정서, 관여, 성장력, 대안, 학습 등을 중요시한다.

생각의 나무

1. 영유아 생활지도의 일반적 원리, 상담 영역 및 활동에 대하여 조별로 토론해 봅시다.

2. 영유아 상담에 대한 절차와 방법을 이해하고, 영유아의 현실치료적 접근 방법 및 절차에 대하여 조별로 상담연습을 해 봅시다.

CHAPTER

10

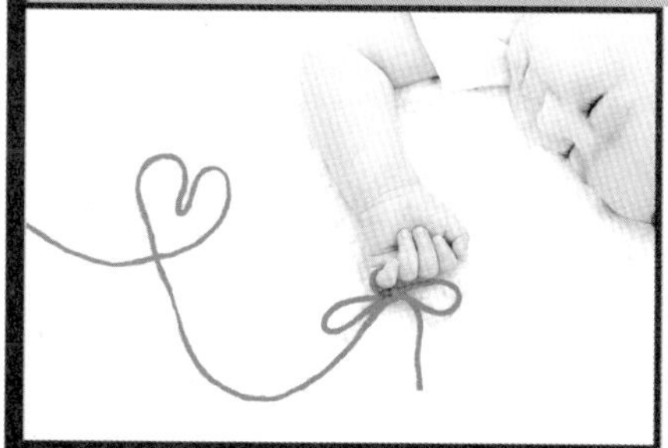

영유아교사의 교직 입문

• 학습개요 •

교직이란 교육활동을 수행하는 직업으로 교직만이 가지고 있는 특징이 있다. 특히 교사란 지식이나 기능만을 가르치는 것이 아니라, 영유아들로 하여금 전인적 인간으로 성장발달하도록 돕는 역할을 해야 한다. 이런 의미에서 초임교사의 마음가짐이나 영유아와의 관계 설정을 어떻게 하느냐는 매우 중요하다. 이 장에서는 초임교사의 교직에 대한 입문, 초임교사가 가져야 할 마음가짐 등을 살펴보고자 한다. 이 장을 마치고 나면, 초임교사가 갖는 부담감을 떨치고, 교사로서 무엇을 어떻게 준비해야 할지 이해하게 될 것이다. 이 장의 학습목표는 다음과 같다.

• 학습목표 •

1. 초임교사가 가져야 할 태도에 대하여 생각해 볼 수 있다.
2. 초임교사의 고민거리는 무엇이 있을지를 인식할 수 있다.
3. 초임교사로서의 영유아와의 공동체적 삶이 무엇일지 생각해 볼 수 있다.

1 영유아교사로서의 교직 입문

영유아교사라는 직업은 보람되고 가치 있는 전문직이지만 그만큼 노력과 책임이 뒤따라야 하고 결코 순탄하지만은 않은 길이다. 특히 교직생활을 처음 시작하는 초임교사에게는 더욱 그러할 것이다.

모든 조직사회에 새롭게 입문하는 사람은 새로운 위치에서 요구되는 행동을 학습해야 하고 특히 조직 사회의 위계적 구조에도 익숙해져야 하는 중요한 단계에 있다. 초임교사들도 오랜 학교생활을 거쳤지만 학생이 아닌 교사로서의 입문과정을 희망과 기대뿐만 아니라 두려움과 걱정으로 맞이하게 된다. 초임교사들은 오랜 기간의 학교생활 경험과 교생 실습 경험 때문에 다른 직장에 입문하는 것에 비해 교직에 적응하는 것이 훨씬 수월하게 보일 수 있다. 그러나 학생의 신분에서 교사의 신분으로 전환되는 것은 교육을 받는 편에서 교육을 하는 편으로, 질문을 받는 쪽에서 질문을 해야 하는 쪽으로 역할이 바뀌는 것이다. 따라서 학생 신분에서 이루어진 무의식적 관찰만을 가지고 교사의 역할을 수행하기에는 어려움이 뒤따를 수밖에 없다(염지숙 외, 2008).

기관장이나 동료교사 또는 부모와 학생들은 초임교사가 부임 첫날부터 오랜 경험을 갖고 있는 교사가 하는 것과 동일하게 행할 것을 기대한다. 그들은 초임교사가 직전교육을 통해 교사가 되기 위한 기초를 형성했으므로 외부로부터 아무런 도움 없이도 학급에서 교사로서의 역할을 잘 수행할 수 있을 것이라고 생각한다. 물론 초임교사는 직전교육을 통해 교수활동에 관한 여러 가지 내용을 학습하지만 이러한 것은 교사가 되기 위한 필요조건에 불과하다. 초임교사는 가르친다는 것이 얼마나 불확실하며 복잡한 환경에서 일어나는 것인지, 얼마나 가치지향적이고 독특한 활동인지, 직전교육을 통해 학습한 내용을 언제, 어떻게 활용할 것인지, 교실에서 일어나는 수많은 문제와 요구 중에서 어느 것에 우선순위를 두며 또한 이러한 것들을 어떻게 균형 있게 이루어 나가야 할 것인지를 알아야만 하는 것이다.

이러한 맥락에서 초기의 교직 경험은 특별한 의미를 갖는 시기라고 할 수 있다. 교직 초기 과정에서의 경험을 통해 교사로서의 정체성을 확립하며 교직이 지향하는 목표를 확인하고 이에 적응하게 된다. 교사들이 평소에 갖는 교육활동의 습성은 바로 이 입문 시기를 통해서 이루어진다고 할 수 있다. 결국 입문 시기는 교사가 되기 위해 배우는 학생으로부터 교사가 되는 과도기적 시기로 직전교육의 연장이며, 교직 전체에 걸친 전문성 발달이 시작되는 시기로 현직교육의 시작이라고 할 수 있다(이지영, 2000).

2 초임교사의 고민

초임교사의 고민을 이 장에서 살펴보는 이유는 누구든 초임 시절은 다 있으며 누구든 그 시절에는 두려움을 경험하게 되는데, 그 두려움을 극복하고 실수를 하지 말자는 것이 아니라 시행착오 자체도 좀 더 긍정적으로 바라보는 여유를 갖자는 것이다. 초임교사의 두려움은 대부분 수업, 학급운영, 학생지도, 관계 형성, 다양한 역할의 수행 등 여러 가지 면에서 찾을 수 있다. 가능하면 시행착오를 겪지 않기를 바라지만 시행착오 자체보다 그 이후의 대처와 그로 인한 교사의 역할에 대해 깊게 숙고

하고 영유아 자체에 대한 이해를 넓히는 시간이 되어야 한다. 이러한 두려움에 대해 미리 한번 생각해 봄으로써 보다 준비된 교사로서의 밑그림을 그릴 수 있는 기회를 갖길 바란다(염지숙 외, 2014).

1) 초임교사의 사고과정

초임교사는 교육현장에 대한 통찰력을 가지고 있지 않아서 실제 교직을 경험하면서 부딪치는 여러 가지 문제를 원활히 처리해 나갈 수 없는 것으로 나타난다. 즉, 학생의 지도, 교수활동, 자료 사용 등 교수 역할 실행과 관련된 문제뿐 아니라 조직풍토에 대한 적응, 부모와의 관계 형성, 다른 동료와의 관계 등에서 많은 스트레스를 받고 무력감을 느끼게 된다(박은혜 외, 2002).

가장 어려운 점의 하나는 초임교사의 사고 과정에서 찾을 수 있다. 숙련된 교사들은 의사결정을 할 때, 풍부한 경험을 바탕으로 한 도식을 갖고 있지만 초임교사들의 도식은 덜 정교화되고 수직적이다. 풍부한 도식을 갖는 숙련교사들은 교수계획, 교수 활동, 교수 이후 활동을 결정할 때, 상호관계성을 고려한다. 즉, 숙련교사는 교수계획에서 영유아의 경험, 반응에 따라 교수계획을 수정하고 영유아들에게 맞는 교과, 자료, 방법을 계획한다. 그러나 초임교사는 이러한 통합적인 안목이 없기 때문에 전체 의사결정 과정에서 연계성이 부족하다. 초임교사는 교수계획에서 교육과정 목표만을 근거로 계획하고, 영유아들에게 적절한 교수법을 알지 못한다. 교수활동에서는 계획에 의해서만 수업을 진행하여 영유아의 흥미와 논의를 제한하고, 교육내용과 교수법에 대한 이해가 부족하다. 교수 이후에도 초임교사는 예상했던 목표와 기준에 따라서만 평가한다. 그리고 자신의 실천에 대해서 반성하나 초점이 잘 맞추어지지 않는다(박은혜 외, 2002).

2) 초기 대처의 미흡

초임교사들은 영유아의 행동을 다루는 데 미숙하고 어려움을 갖는다. 영유아들의 행동을 조정하기 위해서 경력교사는 수업 진행시 영유아들의 행동적 단서를 인식하고, 영유아들에게 동기를 유발하고 그들의 감정을 조절하는 실천 전략을 사용하여 여러 가지 문제들을 해결한다. 그러나 초임교사는 영유아들의 위반 행동이 처음 발생하였을 때 대개 무시하고 행동이 더욱 과격해지면 영유아를 비난하거나 또는 벌을 주는 등의 방법을 사용함으로써 영유아들의 행동을 기본적으로 이해하지 못하며 적절한 예방과 조치를 취하지 못한다(서정림, 2006). 영유아 행동 그 자체만 보는 것이 아니라 그 행동이 일어난 배경과 앞뒤 전후 상황을 파악하여 문세행동 발생의 원인을 조금 더 거시적인 안목에서 바라보지 못하기 때문이다.

3) 적절한 지원의 부재

대부분의 초임교사들은 임용 첫 날부터 경력교사들과 똑같은 역할 수행을 요청받는다. 즉, 초임교사들은 교수, 학급 운영, 영유아들의 동기유발, 부모와의 상호작용, 기타 행정업무 등 모든 업무에 대해 전체적인 책임을 지며 이 모든 업무를 도움 없이 스스로 해내도록 기대된다. 이런 과정에서 초임교사는 여러 가지 어려움에 직면하고 능력의 한계를 느끼면서 교사로서의 준비가 부족하다고 생각하게 되고 좌절감을 느낀다. 수업지도와 유치원 업무를 처리하는 데 있어 동료교사 및 원장의 적절한 지원이 없는 경우, 혼자서 해결하다 보면 더 어려움을 느끼고 좌절하게 된다.

조운주 외(1998)는 초임교사들이 겪는 고민을 다음과 같이 제시하고 있다(염지숙 외, 2008).

- 초임교사들이 가지고 있는 비현실적인 낙관주의에 대한 도전이 있음을 발견하였다. 초임교사들은 직전교육기관 동안 교사와 가르치는 일에 대해 누구나 할 수 있고 그렇게 어려운 일이 아니라는 비현실적인 낙관주의를 발달시키다가, 직전교육을 통해 배운 이론의 현장 적용에 어려움을 느끼며 영유아 지도와 통제의 어려움, 무한한 시간과 에너지를 요구하는 교직의 소모적인 특성, 영유아의 개인차를 적절히 다루지 못하는 것에서 오는 교사로서의 자질과 능력에 대한 회의 등으로 직전교육에서 형성된 이상과 신념을 무너뜨리게 된다고 한다.
- 초임교사들은 교사로서 교실 현장에서 실제적으로 사용하는 기술과 직전교육을 통해 자신들이 학습한 이상 사이에는 커다란 차이가 있다는 것을 인식하기 시작하면서 당혹감을 느끼고, 수많은 시행착오를 거치면서 자신의 무력함을 탓하게 된다고 한다.
- 초임교사들은 가르치는 것에 대하여 자신감을 잃게 되고 이러한 자신감의 결여는 전문인으로서뿐만 아니라 개인으로서의 자신감도 상실하게 만든다.

강상이(2002)는 영유아 초임교사가 겪는 어려움을 자기이해 측면과 지식과 기술 측면, 생태적 측면으로 나누어 조사하였는데, 자기이해 측면에서 초임교사들은 영유아교사에 대한 낮은 사회적 인식으로 회의나 자격지심과 같은 어려움을 느끼고 있으며 또한 학급운영 및 영유아에 대한 책임이 전적으로 자신에게 있다는 것에 대해 심리적 부담감을 느끼고 있는 것으로 나타났다. 지식과 기술 측면에서는 영유아발달에 대한 이해,

이론을 실제 수업에 접목시키기, 제한적인 활동 아이디어, 학급 운영 및 교수 기술면에서 공통적으로 어려움을 느끼고 있다고 하였다. 생태적인 측면에서는 과다한 업무로 인한 수업 준비 시간의 부족과 학부모와의 관계 형성에서 겪는 어려움, 인적 · 물적 지원의 부족이 초임교사들의 적응을 어렵게 하는 것으로 나타났다.

임진형(2000)은 영유아 초임교사들은 업무와 영유아들의 활동 요인으로부터 가장 많은 직무 스트레스를 받고 있으며, 다음으로 행정적 지원, 경제적 안정, 대인관계, 개인관련 요인의 순으로 스트레스를 받는다고 하였다. 그리고 영유아 초임교사에 대한 사회적 지지와 자기효능감이 높을수록 직무 스트레스를 덜 받으며, 특히 사회적 지지가 높을 때 직무 스트레스를 덜 받는 것으로 나타나 사회적 지지가 초임교사에게 필요함을 알 수 있었다.

또 서정림(2006)은 초임교사들은 수업 준비에 비교적 많은 시간과 노력을 들였으나 이러한 노력에 비해 실제 수업의 진행은 자신의 계획이나 수업관대로 이루어지지 않음으로써 많은 어려움을 경험한다고 한다. 이 과정에서 초임교사들은 다양한 시행착오를 경험하고 수업에 대한 반성과 평가의 과정을 거치면서 나름대로 어려움의 원인을 찾고 이를 보완해 나간다고 한다. 그리고 이러한 과정을 통해 자신의 수업이 점차 향상되고 있음을 인식하였다.

이를 종합해 볼 때, 초임교사들은 수많은 시행착오를 경험하면서 교육에 대한 열의와 반성적 사고를 통하여 교사로서 정체성을 찾고 배워 나감을 알 수 있으며, 초임교사들이 갖는 초기의 열정과 헌신은 계속적인 교사로서의 삶에 밑거름이 되고 있다.

3 초임교사의 태도

초임교사로서 가져야 할 태도는 일단 도전과·연구의 자세이다. 누구든 초임교사를 거친다. 초임교사 과정 없이 경력교사가 되는 경우는 없다. 따라서 교사로서의 전체적인 삶에 있어서도 이 과정은 단 한 번밖에 없다는 긍정적인 태도로 받아들이면 될 것이다.

초임교사 과정에서 예견되는 문제에 대하여 심리적인 준비와 마음가짐을 통해 신임교사로서의 첫 출발을 훌륭하게 내딛을 수 있을 것이다. 서혜정 외(2005)는 예비교사가 교사로서 출발하기 전에 다음과 같은 부분을 마음에 새기고 준비한다면, 초임교사의 생활은 보다 활성화되고 교사로서 성장을 거듭할 것이라고 조언한다(염지숙 외, 2008).

- "도와드릴 일 있나요?", "오늘 할 업무가 무엇인가요?"라는 적극적인 자세를 갖는다. 영유아교육기관에 들어와서 자료가 어디에 있는지, 무엇을 해야 할지 모르는 낯선 상황에서 선배교사가 친절하게 다가와 가르쳐 주지는 않는다. 무엇을 할지 모르면 선배교사에게 다가가서 물어보는 적극적인 태도를 취하고 우선적으로 해야 할 일과 나중에 해야 할 일을 구분하는 법부터 배우면서 일의 요령을 취득하는 것이 중요하다.
- "도서 자료실에는 무엇이 있을까?", "교재교구로는 무엇이 있을까?", "행사 기록 파일은 어디에 있지?"하면서 영유아교육기관을 구석구석 탐색한다. 새로 근무하게 된 기관을 빨리 파악하기 위해서는 뒤지고 다니면서 무엇이 어디에 있는지 일일이 알아가는 과정이 선행되어야 한다. 빨리 적응하기 위해서는 영유아교육기관의 구조와 조직, 물품 등을 빨리 파악해야 한다. 그래야 선배교사들에게 덜 물어보게 되고 독립적으로 알아서 일을 수행할 수가 있다.

- "난 할 수 있어", "지금은 배우는 시기야"라고 생각하며 위축되지 말고 즐기면서 배우는 태도를 갖는다. 학교에서 배운 이론은 멀게만 느껴지고 열심히 생각해서 한다고 하는 데도 불구하고 교사의 계획대로 일이 진행되지 않는 것은 당연한 일이다. 첫해 교사로 근무하면서 실수를 하는 것은 자연스러운 성장의 한 부분이라고 받아들여야 한다. 그러나 같은 실수를 하지 않고 무엇이 잘못되었는지를 판단하여 성장할 수 있는 밑바탕을 마련하는 소중한 시간이라고 생각해야 한다. 위축된다는 것은 자신의 능력을 잘못 파악하고 있을 때, 또는 나의 커다란 목표를 무엇인지 잘 모를 때 갖는 심리적 작용이다. 좋은 교사가 되기 위해 계속해서 전문적 목표를 갖고 꾸준히 노력하는 고정 그 자체가 중요한 것이다. 이러한 과정 자체를 즐기는 것은 중요하다. 피할 수 없으면 즐기라는 말처럼 내가 하고 있는 일에서 기쁨을 찾아보고 "실수를 했네", "다음부터는 같은 실수는 하지 말아야지"라는 마음으로 수업료를 냈다는 생각으로 임하는 게 중요하다. 초임교사들이 초기의 어려움을 이겨내지 못하여 평생 보람을 가질 수 있는 직업에서 멀어지는 경우가 종종 있다. 초임교사 시절에 하게 되는 실수로 위축되지 말고 경험으로 받아들이고 어떤 부분을 보완해야 하는지에 대해 미래적으로 생각해야 한다.
- 무턱대고 눈치껏 하기보다는 "선생님! 어떻게 하면 좋을까요?"라고 물어보고 확인하는 과정을 구하고 동료교사의 자문을 구해야 한다. 물어보지 않으면 알고 있는 줄 안다. 모르는 것을 모른다고 말해야 배울 수 있는 기회가 주어진다. 물어보지 않는 사람들은 오히려 자신감이 없는 사람들인 경우가 많다. 이것도 모른다고 할까봐 물어보지 않게 되면 일이 잘못될 확률이 더 높아지고, 결국은 '차라리 물어보고 확인할 것을' 하는 생각이 든다. 영유아교육기관에서는 '초임교사를 지원해야 된다'라는 인식이 부족하다. 따라서 초임교사

스스로가 눈치껏 관찰하면서 배워야 하며 물어보는 과정이 요구된다. 초임교사에게 친절하게 안내해주는 동료교사가 있거나 원장이 있다면 다행이지만 대부분은 초임교사가 스스로 적극적으로 배워야 한다.

- "우리 유치원은 너무 일이 많은 것 같아"라고 생각하기보다는 "우리 유치원은 배울 게 많아"라고 생각하는 긍정적인 태도를 갖는다. 신임교사들이 같이 졸업한 동료들과 만나 이야기하면서 "내가 근무하는 기관은 일찍 퇴근해", "내가 근무하는 기관은 행사가 적어" 하면서 나누는 말을 듣고 남들이 편하다는 생각을 하며 부러워한다. 그러나 일 년 간의 신임교사 경험은 평생 교사로서의 경험의 기초가 된다. 첫해에 제대로 배우는 것이 중요하고 다른 곳으로 갔을 때도 야무지게 배운 교사들을 선호한다. 따라서 행사가 많다고 불평하거나 수업할 때 들어와서 봐주는 원장님을 야속하게 생각하기보다는 나에게 좋은 배움을 줄 수 있는 기회로 생각하는 것이 중요하다.
- "퇴근 시간이네" 하고 칼같이 퇴근하기보다는 남아서 내일의 수업과 내가 할 일을 계획하고 오늘 있었던 일을 정리하는 시간을 갖는다. 신임교사의 특징은 경력교사가 10분 만에 하는 일을 한 시간에 걸쳐 한다는 것이다. 일이 익숙지 않고 요령이 없기 때문에 늦게 하는 것이다. 경력교사들이 일을 빨리 처리하고 정해진 시간에 퇴근할 수 있는 것에 비해 초임교사들은 시간이 항상 모자라게 되어있다. 따라서 일거리를 싸들고 집에 가서 한다거나 원에 남아서 일을 더 하고 가야만 그 다음날의 수업준비가 제대로 이루어질 수 있다. 따라서 항상 시간이 되었으니 퇴근하는 것이 아니라 내가 오늘 할 일을 다했는지 그리고 내일의 준비가 원활히 되었는지를 생각하고 일하는 자세를 가져야 한다. 시간이 지나면 점점 빨라지게 되어 있으므로 처음부터 일하는 속도가 느리다고 낙담할 필요는 없다.

- 오늘 계획한 수업을 다했는지보다는 영유아들의 반응을 살펴보는 것이 중요하다. 초임교사의 특징은 계획한 대로 다한다는 것이다. 영유아들의 반응과 영유아교육기관의 상황에 맞추어 융통성 있게 움직이지 못하고 계획한 것을 그대로 실행한다는 점이다. 이것은 영유아들의 반응에 민감하지 못하고 영유아들의 요구를 읽을 줄 모른다는 것이다. 심리적인 여유가 없어서 앞뒤를 보지 못하기 때문에 발생하는 현상이다. 따라서 초임교사이기 때문에 부족할 수 있더라도 영유아들의 반응을 관찰하는 것이 필요하다. 영유아들의 눈빛 언어, 행동 언어를 이해하는 것은 중요하다. 그렇다고 계획을 세우지 말라는 것은 아니다. 신임교사들이 세우는 계획은 경험이 부족하기 때문에 적정하게 세우는 것 자체가 어렵다. 내용이 어려울 수도 있고 시간이 더 많이 걸릴 수도 있고 영유아들의 흥미가 떨어질 수도 있는 것이다. 실행을 하면서 느끼는 이러한 교사의 반성적 사고를 통해 그 다음 계획을 수정하거나 좀더 일찍 끝낼 수 있는 융통성이 필요한데, 이것은 영유아들의 반응을 살피는 것에서부터 시작되어야 한다.
- "입학금을 나누어서 내면 안 될까요?"라고 물어보는 학부모들에게 즉답을 피하고 다시 연락드리겠다고 말한 뒤, 시간을 갖고 적절하게 반응을 한다. 일반적으로 초임교사들은 학부모를 상대하는 데 어려움을 많이 느낀다. 학부모가 물어보는 내용을 잘 모르기도 하고 어떻게 대답해야 할지도 모르는 경우가 많다. 이런 경우에는 그 자리에서 대답을 바로 하지 않고 알아보고 연락을 드리겠다는 대답을 항상 준비해야 한다. 학부모가 물어본 내용을 동료교사나 원장과 의논하여 어떻게 대답할지를 궁리한 뒤에 학부모에게 답변을 주어도 늦지 않다. 급한 마음에 대답을 하고 번복을 하는 것이 오히려 교사에 대한 신뢰를 저버리는 경우가 된다. 다른 선배교사들에게

물어보거나 원장과 상의를 하여 어떻게 대답해야 할지에 대해 물어보고 대답하는 자세가 필요하다.

- "민수야, 너가 먼저 사과해"라고 말하기보다는 왜 그런 행동을 했을까에 대해 생각해 보도록 한다. 영유아들의 문제행동 지도에 왕도는 없다. 유독 내가 맡고 있는 반에 말썽꾸러기들이 많다고 느낀다면 그것은 나의 잘못도 아니고 아이들을 미워할 것도 아니다. 말 잘 듣는 아이들만 있기를 기대하는 것 자체가 현실감이 없는 것이다. 어느 반에나 다루기 힘든 영유아는 있으며 다루기 힘든 영유아와 함께 서로 맞추어 가는 과정이 중요한 것이다. 또한 항상 문제가 일어나기 전에 예방을 하고 사전 지도라는 것이 중요하지만 100% 다 그렇게 할 수는 없다. 초임교사는 문제가 일어날 상황을 보지 못하기 때문이다. 경험이 많은 경력교사들은 그 동안의 시행착오를 통해 갈등이 일어나는 현장에 대한 예측 능력도 같이 발전했기 때문이다. 따라서 초임교사는 문제를 미리 예측하고 방지하기보다는 문제가 발생한 뒤에 적절하게 처리하는 것이 더욱 중요하다. 자책을 하기보다는 어떻게 처리하는 것이 지금의 최선인가를 찾아보는 것이 더욱 더 발전하는 교사가 되는 길이다.
- "도대체 모의수업할 때는 이게 될 것 같았는데, 왜 지금은 아이들이 못 알아들을까?"라고 의문을 갖는 것은 중요하다. 그러나 학교에서 배운 이론이 쓸모없는 것도 아니며 틀린 것도 아니다. 이론은 추상적이며 일반화된 내용들로서 현장에서 경험하는 구체적, 실제적 현상들과 접목시키는 것이 중요하다. 아무도 직전교육으로 아이들의 발달에 대해서 배워도 어느 특정 연령을 꼭 집어서 배우지 않는다. 따라서 초임교사가 3세 반을 맡게 되었을 경우, 유아의 발달에 대해 막연히 5세를 기준으로 두고 3세 유아들을 다루는 경우가 있다. 5~6세의 발달과 3세의 발달은 많이 다르다. 따라서 3세에 대한 공부

를 따로 하고, 관찰하고, 계속적으로 맡은 반 유아의 특성에 대해서 이해하는 과정을 거쳐야 한다. 하루빨리 유아들의 발달적인 과정에 대한 이해를 높이는 것이 교사로서 수업을 준비하고 유아들의 행동을 지도하는 데 도움이 된다.

- 마지막으로, 교사에게 가장 중요한 것은 수업하는 능력이다. 아이들을 가르치는 일은 교사 고유의 권한이며 교육기관에서는 아이들을 잘 가르치는 교사를 좋아한다. 잘 가르치기 위해서는 맡고 있는 반 아이들의 발달을 알아야 하며 그에 따라 어떤 교육 방법이나 매체가 결정된다. 따라서 초임교사가 아무리 시간이 없어도 계획을 하고 수업 자료를 준비하며 수업 시 상호작용 과정을 면밀히 반성하고 검토하는 과정은 재미있는 수업을 할 수 있는 교사의 역량을 기르는 중요한 과정임을 명심해야 한다. 공동의 일은 안 해 놓으면 원 전체가 알고 일을 안 한 것이 티가 나지만, 수업 준비 안 한 것은 나만 아는 사실이기 때문에 일의 순서에서 밀리거나 아니면 수업 준비를 하지 않는 경우가 있다. 교사의 최고의 권리와 책임은 수업을 위한 노력임을 잊지 말아야 한다.

4 성공적인 초임교사 되기

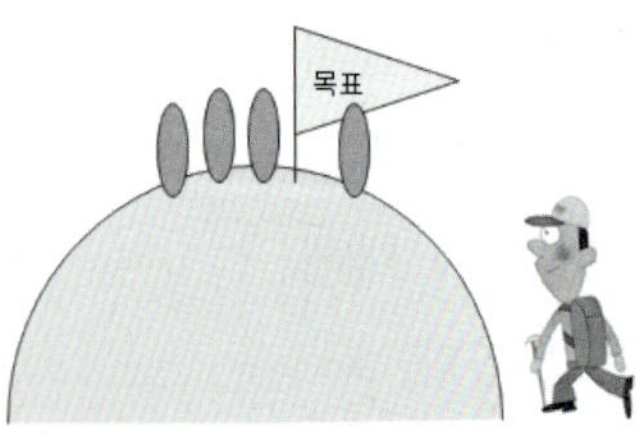

위에서 언급한 기본적인 태도를 바탕으로 초임 영유아교사가 첫해에 잘 지탱하고 성공적인 교사로서 힘찬 발걸음을 내딛기 위해서는 선배교사들의 조언이 필요하다. 성공적인 초임교사를 위한 선배교사의 조언을 소개하면 다음과 같다(염지숙 외, 2014).

1) 나 자신과 영유아와의 관계

초임교사로서 나 자신과 영유아와의 관계, 부모와의 관계, 원내 인간관계에 대하여 선배교사들의 조언을 제시하면 표 10.1과 같다.

표 10.1 나 자신과 영유아와의 관계

구분	선배교사의 조언
나 자신	• 우리는 '교사'임을 잊지 말자 • 공(公)과 사(私)를 구분하자. • 교사다운 복장을 하자. • 영유아들은 교사의 걷는 모습까지 닮는다는 것을 명심하자. • 나의 발전을 위해 시간을 할애하자. • 메모를 습관화 하자. • 엉덩이가 가벼워야 한다.
영유아와의 관계	• 영유아들과 스킨십을 많이 하자. • 영유아를 혼낼 때는 공개적으로 하지 말자. 눈빛으로, 조용히 따로 불러 이야기 나누자. • 영유아들은 재미있는 선생님을 좋아한다. 유머를 사용하자. • 영유아와 부모를 진심으로 대하자. • 영유아들의 이야기에 귀를 기울이자. • 영유아에 대한 선입견을 버리자. • 영유아의 감정 상태에 관심을 갖고 인정해주자. • 영유아들을 늘 관찰하자. • 조용하고 눈에 띄지 않는 아이일수록 관심을 더욱 많이 갖자. • 편애하지 말자. • 교사도 감정의 동물. 하지만 일단, 크게 숨을 쉰 뒤 이야기하자. • 영유아에게 칭찬을 아끼지 말자. • 영유아들이 있는 곳에서 멀어지지 말자.
학부모와의 관계	• 학부모님들을 친절하게 대하고 예의를 지키자. • 학부모님의 입장에서 생각해 보자. • 학부모님과 아이의 교육과 양육에 대해 함께 고민하자. • 영유아에 대해서 부모님과 자주 의견을 교환하자. • 학부모님과 사적인 관계를 맺지 말자. • 결석했을 때에는 반드시 안부전화를 하자. • 학부모가 조금이라도 다쳤을 때는 학부모님에게 상세히 상황을 전하자.
원내 인간관계	• 교사들과 웃는 얼굴로 인사를 나누며 하루를 시작하자. • 경력교사들의 행동, 태도 등을 비판적으로 수용하자. • 제3자의 험담을 통해 인간관계를 유지하지 말자. • 내 것만 챙기기보다는 다른 사람의 것을 먼저 챙겨보자. • 동료교사에게 사소한 것에도 감사의 마음을 전하자.

(계 속)

구분	선배교사의 조언
원내 인간관계	• 영유아 또는 학부모와 문제 상황이 생기면 원장, 원감과 문제해결 방안을 함께 모색하자. • 경력자의 지도와 안내를 긍정적으로 받아들이자. • 건설적인 방향으로 의견을 교환하자. • 기분이 얼굴에 너무 솔직히 드러나지 않도록 하자. • 곰보다는 여우가 낫다. • 같은 대학교 출신과 특별한 관계가 있는 것을 드러내지 않는다. • 다른 교사의 수업내용이나 기술에 대해 칭찬을 아끼지 않는다. • 스스로 열심히 하는 모습을 보이며 조언을 구한다. • 어느 자리에서나 원장님을 최우선으로 대우해 드린다. • 원장님을 부모의 친구 분 대하듯 친근하게 대하자. • 비용이 많이 드는 자료나 교구 보수문제에 대해서는 원장님께 직접 상의하기보다 원감이나 수석교사와 상의하자.

2) 수업 준비 및 참여

- 원에 있는 자료를 충분히 살펴보고 시간 날 때마다 서점에서 새로운 자료를 검토하자.
- 학부 때 배운 이론적 지식을 검토해 보자.
- 다른 교사들의 수업 기술을 배우려고 노력하자.

- 수업진행을 원활히 해야 할 의무
- 유아의 바람직한 행동변화를 위한 지도자
- 학급 전체를 잘 운영하는 통제자
- 교육결과를 평가하는 평가자

자의든 타의든, 크든 작든 유치원에서는 권위의 소유자

교사의 권위가 유아지도에 부정적 측면으로 해석되지 않도록 유의해야 한다.

- 자신의 수업을 지속적으로 모니터링 해보자.
- 영유아들에게 많은 것을 알려주기보다는 함께 알아가는 자세를 갖자.
- 누구에게 보이기 위한 환경구성보다는 아이들을 먼저 고려하자.
- 항상 목표를 가지고 하루를 시작하자.
- 많은 정보를 얻고, 비판적으로 받아들여서 내 것으로 만들자.

5 영유아와 함께하는 초임교사

초임교사로서 성공적이고 보람 있는 일 중에 하나가 영유아들과 좋은 관계를 맺는 것이다. 영유아를 가르치는 일, 지도하는 일, 상담하는 일 등 현장에서 일어나는 일상의 하나하나가 해당된다. 그런데 처음에는 누구나 이런 일들이 익숙하지 않아 낯설고 힘들다. 선배교사들도 그랬을 것이고, 앞 세대 교사들도 그랬을 것이다. 누구나 거치는 과정이다. 그럴 때마다 좀 더 가까이 있는 것에게 다가가 보자. 예를 들면, 지금껏 내가 만났던 선생님들을 생각해 보자. 선생님이 미치는 영향력은 멀리서 찾을 것 없이 나의 은사님들을 떠올려 보면 된다. 잘 가르쳐 주셨던 선생님, 따스하게 배려해 주셨던 선생님들 속에서 나는 과연 어떤 선생님이 될 것인지 생각해 보자. 성인에 대한 의존도가 특히 높은 영유아기, 선생님을 통해서 세상을 바라보는 아이들의 거울이 될 선생님이 되는 이 순간에 나는 무엇을 준비하고 어떤 자세를 가져야 할지 한번 상상의 나래를 펼쳐보자. 영유아의 삶 속으로 들어가 보자.

영유아와 함께하는 초임교사가 되기 위한 몇 가지 제언을 하면 다음과 같다(김희수, 2011).

- 어려움에 직면할 때마다 '할 수 있다'는 자신감을 갖자.
- 선배교사들에게 도움을 요청하고 문제의 실마리를 찾자.
- 선배교사들도 초임교사 시절 시련은 있었으므로, 이 과정에서 발생하는 시련은 자신을 더 단단하게 만들어 주기 위한 시험무대라고 생각하자.
- 어느 직업이든 고통이 있음을 주지하고 반드시 극복하겠다는 강한 의지를 갖자.
- 어려움에 직면해도 밝은 모습, 편안한 마음을 잃지 않도록 여유로워지자.
- 조금 일찍 출근하여 오늘 해야 할 일을 미리 스케치해 보자.
- 퇴근한 뒤에는 오늘 할 일을 꼭 스크린 해보고 문제되었던 내용을 메모해 두자.

생각의 나무

1. 초임교사가 가져야 할 태도는 무엇이어야 할지 생각해 봅시다.

2. 초임교사의 고민거리는 무엇이 있을지에 대하여 조별로 토의해 봅시다.

3. 초임교사로서 영유아와의 공동체적 삶이 무엇일지 생각해 봅시다.

참고문헌

강상이(2000). 교사발달 측면에서 본 유치원 초임교사의 어려움에 관한 연구. 한국교원대학교 교육대학원 석사학위 청구논문.

고미경(2007). 전문성 향상을 위한 유아교사론. 경기: 양서원.

곽영우(1998). 교사론. 서울: 교육과학사.

권건일 · 신재흡(2006). 유아교사론. 경기: 양서원.

권성호(2002). 하드웨어는 부드럽게 소프트웨어는 단단하게. 경기: 양서원

교육부(2018). 2018 교원자격 실무편람.

김경이 외(2001). 교직의 이해. 서울: 문음사.

김규수 · 임승렬(2016). 교사의 전문성 발달을 위한 영유아교사론. 경기: 공동체.

김나영 · 이승희(2002). 아동임상 및 상담심리. 서울: 동문사.

김명수 외(2010). 교직실무. 서울: 학지사.

김순혜(2005). 현대 아동상담. 서울: 학지사.

김윤태 · 서정화 · 노종희(1984). 교사와 교직 사회. 서울: 배영사.

김재우(1996). 교직교육론. 경기: 양서원.

김종철 외(1994). 최신교사론. 서울: 교육과학사.

김진영 · 백혜리 · 최윤정(2006). 유아를 위한 교수 – 학습방법론. 경기: 양서원.

김진한(2009). 교사를 위한 교직실무. 서울: 학지사.

김희수(2009). 교육 방법 및 교육공학. 서울: 일문사.

김희수 · 홍성훈 · 최정선(2015). 교육학개론. 서울: 일문사.

김희수 · 조영미(2016). 교육심리학. 서울: 동문사.

박병량(1999). 학교 · 학급경영. 서울: 학지사.

박병량 · 주철안(2005). 학교 · 학급경영 (개정판). 서울: 학지사.

박병학(1997). 사랑의 수업론. 서울: 교육과학사.

박성희(2005). 꾸중을 꾸중답게 칭찬을 칭찬답게. 서울: 학지사.

박영태(2004). 사랑의 학습지도법 (개정판). 서울: 학지사.

박은혜 외(2002). 지식기반사회에서의 유아 교사의 지식. 서울: 창지사.
변영계(2005). 교수-학습 이론의 이해 (개정판). 서울: 학지사.
보건복지부(2018). 2018년도 보육사업 안내.
서울특별시 교육연구정보원(2006). 교직실무 편람.
서정림(2006). 유아교사의 초임 교직적응경험의 의미 탐색. 중앙대학교 석사학위논문.
성남시교육(2005). 수업의 효율성과 수업기술(2005-14 장학자료).
성영혜 · 이상희(2002). 최신 유아교육기관 운영관리. 서울: 동문사.
심성경 · 백영애 · 송화진 · 변길희(2017). 영유아교사론. 서울: 정민사.
양승희 · 유지연 · 조현정(2012). 보육과정. 서울: 동문사.
양옥승 외(1999). 영유아보육개론. 서울: 학지사.
염지숙 · 이명순 · 조형숙 · 김현주(2008). 유아교사론. 서울: 정민사.
오욱환(2005). 교사 전문성. 서울: 교육과학사.
유봉호(2004). 교육실습의 이론과 실제. 경기: 학술정보원.
윤종건 · 전하찬(1998). 교사론. 서울: 정민사.
이기숙(1984). 유아교사 양성 대학 모형 교육과정연구. 이화여자대학교 출판사.
이상수(2006). 효과적인 발문전략. 제3회 도솔 아카데미.
이성진(1993). 교육심리학 서설. 서울: 교육과학사.
이성호(1999). 교수 방법론. 서울: 학지사.
이윤석 외(2007). 교직과 교사. 한국교원학회편. 서울: 학지사.
이은화 · 배소연 · 조부경(1995). 유아교사론. 경기: 양서원.
이지영(2000). 유치원 초임교사의 지원 요구. 이화여자대학교 대학원 석사학위논문.
이칭찬(1998). 교사론. 서울: 동문사.
임규혁 · 임웅(2007). 교육심리학 (2판). 서울: 학지사.
임재택(1999). 유아교육기관운영관리. 경기: 양서원.
임진형(2000). 유치원 초임교사의 사회적지지, 자기효능감과 직무스트레스와의 관계. 이화여자대학교 대학원 석사학위논문.
장상호(1980). 인간주의 교육. 서울: 박영사.
정우현(1995). 교사론. 서울: 배영사.
정재철(1995). 교육실습. 서울: 교육출판사.

참고문헌

정혜영(2003). 교육실습생의 갈등에 관한 분석연구. 한국교원교육연구, 20(3), 277-294.

조벽(2002). **새 시대 교수법 상담가이드북**. 서울: 한단북스.

조성일 · 장선철(2000). **유아교육기관 운영관리**. 서울: 창지사.

조운주 · 최일선(2004). **유아생활지도**. 서울: 창지사.

진영은 · 조인진(2006). **예비교사 워크북**. 서울: 학지사.

최애경 · 김길숙 · 김혜윤 · 좌승화(2016). **영유아교사론**. 경기: 공동체.

한국교육문제연구소 편(1993). **한국교육사: 근 · 현대사편**. 서울: 풀빛.

Almy, M.(1975). *The early childhood education at work*. N. Y.: Mcgraw Hill Book Co.

Anderson, H. H.(1964). *Facilitators of Creative Development in Higher Education*. In Creativity: Progress and Potential, 136-129. New York: Wiley.

Anderson, L. Evertson, C., & Emmer, E.(1980). Effective classroom management at the beginning of the school year. *Elementary School Journal*, 80(5).

Borich, G. D.(2002). *Effective Teaching Methods*. N.Y.: Prentice Hall.

Brophy,J. E.,& putnam,J.(1979). *Classroom Management in Elementary Graeds*. In D. L. Duke(Ed.). Classroom Nanagement 78th yearbook of National Society for the study of Education, Part 2. Chicago Press.

Buberm, M.(1958). *I and Thou Translated by Ronald Gregor Smith*. N.Y: Charles Scribner's Sons.

Cole, P, G., & Chan, L. K. S.(1981). *Teaching Principles and Practice*. N.Y.: Prentice Hall.

Combs, A. W. et al. 저, 이원필 외 역(1988). **교사의 전문성**. 서울: 배영사.

Daloz. L.(1999). *Mentor: Guiding the journey of adultlearners*(2nd ed.). San Francisco: Jossey-bass.

Flanders, N. A.(1970). *Analyzing Teaching Behavior Reading*. Mass: Addison Wesley.

Herr, E. L.(1979). *Guidance and Counseling is the schools*. Fall Church, VA: American Personnel and Guidance Association.

Hessong, R. E. & Weeks, T. H.(1987). *Introduction to Education*. New York: Macmillan.

Kehas, C. D.(1970). *Education and Personal development*. In B. Shertzer & S. C. Stone(Ed.). Instruction to Guidance: Selected Reading. Boston: Houghton Mifflin.

Deller, J. M., & Kopp, T. W.(1987). *An Application of the ARCS model of motivational design*. In D. M. Reigeluth (Ed.), Instructional thoeries in action, Hillsdale. Nj: LEA.

Kounin, J. S.(1970). *Discipline and Group Management in classrooms*. New York: Hort, Rinehart, & Winston, Inc.

Levinson, D. J. et al.(1987). *The seasons of man's life*. NY: Knopf.

Liberman, M.(1958). *Education as a Profession*. N.J.: Prentice-Hall.

Menacker, J.(1976). *Toward a Therapy of Activist Guidance*. Personnel and Guidance Journal. 54.

Patterson, C. H.(1973). *Humanistic educaiton. Englewood Cliffs*, NJ: Prentice-Hall.

Shertzer, B., & Stone, S. C.(1981). *Fundamentals of Guidance*. Boston: Houghton Mifflin.

Spodek, B.(1989). *Teaching: Foundation for the Principalship*. NASSP Bulletion.

찾아보기

찾아보기

ㅌ

ㅍ

ㅎ

기타

저자 소개

홍성훈

중앙대학교 대학원 교육학박사
미 보이시 주립대학교 교환교수
전 건양대학교 평생교육원장 · 교직학부장
현 건양대학교 아동보육학과 교수
　교육대학원 교육행정 주임교수
　한국보육학회 · 한국열린유아교육학회 이사

한석우

광주대학교 대학원 사회복지학박사
전 원광보건대학교 기획처장 등
현 원광보건대학교 사회복지과 교수
　원광보건대학교 사회복지과 학과장
　한국사회복지학회 · 한국영유아보육학회 정회원

김희수

중앙대학교 대학원 교육학박사
전 중앙교육과학연구소 책임연구원
　연세대학교 교육연구소 객원연구원
현 동원과학기술대학교 유아교육과 부교수
　교학처장 · 교수학습개발센터장
　한국열린유아교육학회 이사 · 편집위원

영유아교사론

초판 1쇄 인쇄 / 2018년 7월 25일
초판 1쇄 발행 / 2018년 8월 01일

•

공저자 / 홍성훈 · 한석우 · 김희수
발행인 / 이 중 수
발행처 / **동 문 사**

•

서울특별시 서대문구 홍제원 1길 12
(홍제동 137-8)
Tel: 02)736-3718(대), 736-3710, 3720
Fax: 02)736-3719
등록번호: 제9-17호
가격: 16,000원

•

ISBN: 979-11-6328-004-0 (93370)
E-mail: dong736@naver.com
www.dongmunsa.com